신찬 신행의 법

편역 우일, 우천, 우남, 우전, 우신, 우선

붓다아카데미

서언

형태와 형식의 일치

나모붓다야

불보살님께 공양 올리는 것은 첫째 불보살님께 귀의할 뿐 다른 삿된 스승을 따르지 않는 서원이며, 공덕을 짓는 복전에 복을 심는 것이 된다. 절은 사찰의 찰자에서 왔는데, 찰은 복의 씨를 뿌리는 땅이라는 뜻이다. 절에 와서 불보살님께 절을 올리고 공양을 올리는 것은 단순히 복만을 받기 위해 행하는 것이 아니다. 바른 길을 걷고자 하는 서원이며 자기 다짐이다.

이 의범은 붓다아카데미 신찬위원회에서 새 불교 운동의 일환으로 새롭게 편찬하였다. 불교 신앙과 그 수행인 신행의 시작은 예경과 발원이라고 할 수 있다. 이곳에 실린 의범은, 종전의 청하여 공양이라는 형식을 탈피하고, 이미 실내 혹은 야외 등지에 봉안해 모셔놓은 불·보살·신중님께 찬탄하고 예경하며, 또 공양 올리는 형식으로 형태에 따른 형식의 일치를 추구한 결과라고 할 수 있다. 이 의범에서 기성의 소청권공의식과 궤(軌)를 달리 하고 있다고 해서 단순히 간략히 축약한 것은 아니다. 이것은 무엇을 의미하는가.

가령, 진언변공을 보면, 『결수문』의 형식과 현재 중국불교 의례의문에서 확인되는 것처럼 변식진언과 감로수진언만이 변공의식으로 활용되고 있다. 하지만 현재 한국불교에서는 상단과 하단을 구분하지 않고 사다라니 변공으로 진행되고 있다. 이를 위해 사시마지와 재일의 권공의식을 달리 편제하였다. 사시마지에는 〈진언권공〉(1496)을 활용하고 '권공의'는 각 재일에 봉안 성현님들께 예경 드리며, 권공하는 형태로 신찬하였다.

연유는 무엇인가. 각 재일의 권공의 형태는, 수륙재·예수재·영산재 때처럼 야단에 법석을 세우고 그곳에 삼보님과 신중님을 청해 자리를 권하고 공양 올리는 방식이 아니라, 각 전각에 이미 소청하여 모셔놓은 [봉안] 특정 불·보살님께 예경하고 권공하는 형식이 되어야 바른 의례라 할 수 있기 때문이다. 이곳에 별도로 편찬해 놓지 않은 전각의 예경이나 권공은 찬탄 예경 권공 축원 등의 순서로 봉행하면 무난할 것으로 본다.

칠칠재 염송경전은 칠칠재 법석의 일환으로 시설하였다. 매 재에 해당 경전을 염송하거나 칠칠재로 봉행하지 못하고 49일재만 봉행할 때는 재자들이 정성으로 당해 혼령을 위해 염송하는 것도 좋을 것이다. 칠칠재 각 재회에 따라 경문을 배대하되, 2재와 7재에는 두 경전을 배당한 하였는데, 재의 소천망자에 따라 취사하여 염송하는 것이 옳다고 생각하기 때문이다.

아울러 상좌 불교 예송과 염송경은 일상 수행을 위해 시설하였다. 평소에 예경, 오계수지, 삼보찬탄, 경전염송의 신앙 수행을 하는 데 필요하다고 보인다. 또「담장 밖의 경」은 대승 불교 시식의 원초 사상을 제공하고 있다고 보여 함께 실었다.

신행의범의 마지막은 참선수행이다. 예경 교화나 염불과 간경으로 시작한 불교 수행의 마지막 관문은 참선 수행이 그곳에 있어야 한다고 판단하기 때문이다. 좌선문과 삼매 수련의 '심일경성'을 통해 삼매를 중득하고 구극의 해탈을 얻는 바웃다(불자)가 많아지기를 기원한다.

의례 전후 맥락의 일치를 비롯하여 진언 등 표기의 통일을 추구하였지만 완전하지 못하다. 상좌 불교 경전에는 붓다로, 기존 불교의례인 예경교화 편에는 부처님으로 표기한 것이 그것이다. 망인을 의미하는 영가는 영령·혼령으로 표기하는 것이 옳다고 보이나 현실을 감안해 일부는 그대로 두었다.

기성의 방식이 다 옳다거나, 새로운 것이라고 해서 옳지 않거나 부족할 것이라고 생각하지 마시고 그 원리를 꼼꼼히 살펴 법답게 바르게 불보살님을 믿고 모시며, 불교 신행을 지도하는 것이 불교를 잘하는 것이라고 할 수 있을 것이다.

자세한 방식과 의미 등은 〈유튜브 붓다아카데미〉를 통해 습득할 수 있다. 새로운 불교시대를 열 수 있다면 우리들이 소망하는 불국정토가 이 땅에 곧바로 펼쳐지게 되지 않을까 한다. 의심이 일어나면 반드시 널리 찾아보고 묻고 하여 알아내고 절차탁마하며 신찬의례를 익히는 진정한 법사스님, 재가거사 신행 도반들이 불같이 일어나기를 소망한다.

끝으로 신행의범 신찬과 자문에 응해주신 대덕 법사, 거사 신행도반님들께 심심의 감사를 드린다.

빠라미타

2020. 5. 신찬위원회 대표 삼가 적다

차 례

始: 예경 교화

예경의
석례종송 ············· 11

석예경의
예석가모니불 ············· 12
예아미타불 ············· 14
예약사여래 ············· 16
예관음보살 ············· 18
예지장보살 ············· 20
칠정례 예경문 ············· 22
[석]예불참회문 ············· 25
예신중단 ············· 42
예명부시왕 ············· 44
예산왕대신 ············· 51
예칠성단 ············· 53
하단염송 법성게 ············· 55
영가시여 ············· 57

조례종송 ····· 59

조예경의

　향수해례 ····· 75
　예석가모니불 ····· 78
　예아미타불 ····· 80
　예약사여래 ····· 82
　예관음보살 ····· 84
　예지장보살 ····· 86
　우리말 칠정례 ····· 88
　　[조]예불발원문 ····· 91
　[약소] 예명부시왕 ····· 99
　예산왕대신 ····· 101
　예칠성단 ····· 102

조석송주: 현행 천수경 ····· 103

권공의

　진언권공 ····· 118
　도량엄정 ····· 120
　불전권공 ····· 128
　신중권공 ····· 148

반야심경	150
미타권공	152
약사권공	161
관음권공	167
지장권공	173
산신권공	179

시식의

영혼식(迎魂式)	186
법성게	199
통용진전식[상용영반]	202
헌식규	211
화엄시식	217
상용시식[관음시식]	221

칠칠재 염송경

[1재] 영가시어	273
[2재] 대보부모은중경	278
[2재] 법화경 여래수량품	307
[3재] 지장보살본원경 이익존망품	322
[4재] 불설아미타경	330

[5재] 금강반야바라밀경 ················· 341
[6재] 원각경 보안장 ·················· 357
[7재] 천지팔양경 ···················· 368
[7재] 무상계 ······················ 393

상좌 불교 예송문

예경문 ························· 400
행복경 ························· 404
자애경 ························· 408
보석경 ························· 412
담장 밖의 경 ····················· 418

終: 참선 수행

좌선문 ························· 422
삼매: 심일경성 ···················· 424

예경의
禮敬儀

"나모붓다야"를 불교도의 인사말로 —

　남전·북전 세계불교도가 함께 사용할 수 있는 예경의 칭명사 "나모붓다야"를 불교도[바웃다]의 인사말, 인사진언으로 활용하자는 운동을 제창합니다. "나모붓다야"는 예경사(禮敬詞)이자 붓다님의 가피를 구하는 진언입니다. 붓다 명호를 칭명하여 가피를 구하는 인사진언을 처음 만날 때나, 사찰을 방문할 때나, 절을 올릴 때, 불자끼리 인사할 때에 실천하자는 것입니다.

　"나모붓다야"는 "안녕하세요, 안녕히 가세요"의 문안 인사말에서 진일보한 축원 인사말로서, 불교의 산회 인사말 "성불하세요"보다 훨씬 구체적입니다. 대만불교의 "아미타바", 우리 전통의 "나무아미타불" "관세음보살" 칭명 예경에 비해, 상좌 불교와 대승 불교에서 두루 통용될 수 있습니다. 아미타바나 관세음보살은 붓다의 공덕과 구제의 표현이므로 근본적으로 다르지 않습니다.

　칭명염불은 붓다님께서 일찍부터 가르쳐주신 것이고, 법화경 방편품에도 "나무불" 칭명 가피가 설해져 있습니다. "나모붓다야" 인사진언은 각기 다른 불교 전통을 이어주는 매개로 세계불교도를 통합하는 구심점이 될 수 있을 것입니다.

　합장하며 "나모붓다야" 하는 칭명 인사는 붓다님을 우리의 바른 스승으로 삼으며, 귀의하겠다는 서약이며, 자기정체성을 확립하는 실천의례입니다. 산회나 헤어질 때는 "반야바라밀; 빠라미타; 바라밀" 등을 사용할 수도 있고, 그냥 "나모붓다야"로 할 수도 있습니다. 인사진언 **"나모붓다야"** 실천을 통해 불교도[바웃다]들의 신행이 통일되고 통합이 다져지기를 기원하며, 제방의 대덕 법사스님들께 보급을 청하옵니다.

　빠라미타

붓다아카데미

석례종송
夕禮鐘頌

※ 저녁 종성은 다섯 마치에 맞춰 집전한다.

문종성 번뇌단 지혜장 보리생
聞鐘聲 煩惱斷 智慧長 菩提生
이지옥 출삼계 원성불 도중생
離地獄 出三界 願成佛 度衆生

이 종소리 듣게 되면 온갖 번뇌 끊어지고
지혜는 자라나고 보리심이 일어나서
지옥을 떠나고 삼계를 벗어나
불도를 이루고 중생을 건지소서.

파지옥진언
破地獄眞言

「옴 가라디야 스바하」 [삼편]

※ 세 번째 '옴'에서 종을 울린다.
※ 저녁예경 시작을 알리는 예불 쇠를 친다.

[석]예경의
夕 禮 敬 儀

예석가불
禮 釋 迦 佛

향게
香 偈

계향 정향 혜향 해탈향 해탈지견향
戒香 定香 慧香 解脫香 解脫知見香

광명운대 주변법계
光明雲臺 周遍法界

공양시방 무량불법승 [저두]
供養十方 無量佛法僧

헌향진언
獻 香 眞 言

「옴 바아라 도비야 훔」 [삼편]

찬게
讚 偈

천상천하무여불 시방세계역무비
天上天下無如佛 十方世界亦無比

세간소유아진견 일체무유여불자 [1배]
世間所有我盡見 一切無有如佛者

지심귀명례 삼계도사 사생자부 시아
至心歸命禮 三界導師 四生慈父 是我

본사 석가모니불 [1·3배]
本師 釋迦牟尼佛

지심귀명례 좌보처 대지 문수보살 [1배]
至心歸命禮 左補處 大智 文殊菩薩

지심귀명례 우보처 대행 보현보살 [1배]
至心歸命禮 右補處 大行 普賢菩薩

유원 [고두례] 석가세존 수아정례
唯願　　　　釋迦世尊 受我頂禮

원공법계제중생 자타일시성불도 [반배]
願共法界諸衆生 自他一時成佛道

예아미타불
禮阿彌陀佛

향게
香偈

아금지차일주향 　변성무진향운개
我今持此一炷香　變成無盡香雲蓋
봉헌극락사성전 　원수자비애납수 [1배]
奉獻極樂四聖前　願垂慈悲哀納受

찬게
讚偈

무량광중화불다 　앙첨개시아미타
無量光中化佛多　仰瞻皆是阿彌陀
응신각정황금상 　보계도선벽옥라 [1배]
應身各挺黃金相　寶髻都旋碧玉螺

지심귀명례　극락도사
至心歸命禮　極樂導師

　　　　　아미타여래불 [1·3배]
　　　　　阿彌陀如來佛

지심귀명례　좌우보처
至心歸命禮　左右補處

　　　　　관음세지 양대보살 [1배]
　　　　　觀音勢至　兩大菩薩

지심귀명례 일체청정
至心歸命禮 一切淸淨
　　　　　대해중보살마하살 [1배]
　　　　　大海衆菩薩摩訶薩

유원 [고두례] 극락사성 수아정례
唯願　　　　極樂四聖 受我頂禮
원공법계제중생 동입미타대원해 [반배]
願共法界諸衆生 同入彌陀大願海

예약사불
禮藥師佛

향게
香偈

계향 정향 혜향 해탈향 해탈지견향
戒香 定香 慧香 解脫香 解脫知見香

광명운대 주변법계
光明雲臺 周遍法界

공양시방 무량불법승 [저두]
供養十方 無量佛法僧

헌향진언 「옴 바아라 도비야 훔」 [삼편]
獻香眞言

찬게
讚偈

십이대원접군기 일편비심무공결
十二大願接群機 一片悲心無空缺

범부전도병근심 불우약사죄난멸 [절]
凡夫顚倒病根深 不遇藥師罪難滅

예약사불 17

지심귀명례 동방만월세계
至心歸命禮 東方滿月世界

십이상원
十二上願

약사유리광여래불 [1·3배]
藥師琉璃光如來佛

지심귀명례 좌보처
至心歸命禮 左補處

일광변조소재보살 [1배]
日光遍照消災菩薩

지심귀명례 우보처
至心歸命禮 右補處

월광변조식재보살 [1배]
月光遍照息災菩薩

유원 [고두례] 약사여래 수아정례
唯願　　　　藥師如來 受我頂禮

원공법계제중생 자타일시성불도 [반배]
願共法界諸衆生 自他一時成佛道

예관음보살
禮 觀 音 菩 薩

향게
香偈

계향 정향 혜향 해탈향 해탈지견향
戒香 定香 慧香 解脫香 解脫知見香

광명운대 주변법계
光明雲臺 周遍法界

공양시방 무량불법승 [저두]
供養十方 無量佛法僧

헌향진언
獻香眞言

「옴 바아라 도비야 훔」 [삼편]

찬게 [召請 獻供 時 活用]
讚偈   소청 헌공 시 활용

일엽홍련재해중 벽파심처현신통
一葉紅蓮在海中 碧波深處現神通

작야보타관자재 금일강부도량중
昨夜普陀觀自在 今日降赴道場中

붉은 연꽃 한 이파리 바다 위로 솟아나서
푸른 물결 깊은 곳서 온갖 신통 나타내고
어젯밤엔 보타궁서 자재하게 관하시고
오늘은 이 도량에 강림하시네.

찬게
讚偈

백의관음무설설 남순동자불문문
白衣觀音無說說 南巡童子不聞聞

병상녹양삼제하 암전취죽시방춘 [1배]
瓶上綠楊三際夏 巖前翠竹十方春

지심귀명례 보문시현 원력홍심
至心歸命禮 普門示現 願力洪深

　　　　　대자대비 관세음보살
　　　　　大慈大悲 觀世音菩薩

지심귀명례 심성구고 응제중생
至心歸命禮 尋聲救苦 應諸衆生

　　　　　대자대비 관세음보살
　　　　　大慈大悲 觀世音菩薩

지심귀명례 좌보처 남순동자
至心歸命禮 左補處 南巡童子

　　　　　우보처 해상용왕
　　　　　右補處 海上龍王

유원 [고두례] 관세음보살 수아정례
唯願　　　　觀世音菩薩 受我頂禮

원공법계제중생 동입미타대원해
願共法界諸衆生 同入彌陀大願海

[반배]

예지장보살
禮地藏菩薩

향게
香偈

계향 정향 혜향 해탈향 해탈지견향
戒香 定香 慧香 解脫香 解脫知見香

광명운대 주변법계
光明雲臺 周遍法界

공양시방 무량불법승 [저두]
供養十方 無量佛法僧

헌향진언
獻香眞言

「옴 바아라 도비야 훔」 [삼편]

찬게
讚偈

지장대성위신력 항하사겁설난진
地藏大聖威神力 恒河沙劫說難盡

견문첨례일념간 이익인천무량사 [절]
見聞瞻禮一念間 利益人天無量事

지장보살 대성인의 크신 위신력,
항하사 겁 말하여도 다하지 못해
보고 듣고 찰나 동안 예배하여도
인간 천상 모두 함께 이익 얻으리.

지심귀명례 유명교주
至心歸命禮 幽冥敎主

　　　　　　지장보살마하살 [3배]
　　　　　　地藏菩薩摩訶薩

지심귀명례 좌보처 도명존자 [1배]
至心歸命禮 左補處 道明尊者

지심귀명례 우보처 무독귀왕 [1배]
至心歸命禮 右補處 無毒鬼王

유원 [고두례] 지장보살 수아정례
唯願　　　　地藏菩薩 受我頂禮

원공법계제중생 동입미타대원해 [반배]
願共法界諸衆生 同入彌陀大願海

칠정례 예경문
七頂禮 禮敬文

● 향례(향을 올리고 예경할 때)

계향 정향 혜향 해탈향 해탈지견향
戒香 定香 慧香 解脫香 解脫知見香

광명운대 주변법계
光明雲臺 周遍法界

공양시방 무량불법승 [삼배]
供養十方 無量佛法僧

광명의 구름처럼 시방세계 두루 하여
한량없는 불·법·승 삼보님께 공양합니다.

헌향진언 「옴 바아라 도비야 훔」 [삼편]
獻香眞言

[지심귀명례로 들어간다]

● 다례(청수를 올리고 예경할 때)

아금청정수 변위감로다
我今淸淨水 變爲甘露茶

봉헌삼보전 원수애납수 [3설]
奉獻三寶前 願垂哀納受

제가 올린 맑은 물이 감로다로 변해지며,
삼보님께 올리오니 '자비로써 받으소서.' [말구 3설]

지심귀명례 삼계도사 사생자부
至心歸命禮 三界導師 四生慈父

　　시아본사 석가모니불 [절]
　　是我本師 釋迦牟尼佛

지심귀명례 시방삼세 제망찰해
至心歸命禮 十方三世 帝網刹海

　　상주일체 불타야중 [절]
　　常住一切 佛陀耶衆

지심귀명례 시방삼세 제망찰해
至心歸命禮 十方三世 帝網刹海

　　상주일체 달마야중 [절]
　　常住一切 達摩耶衆

지심귀명례 대지문수사리보살
至心歸命禮 大智文殊師利菩薩

　　대행보현보살 대비관세음보살
　　大行普賢菩薩 大悲觀世音菩薩

　　대원본존 지장보살
　　大願本尊 地藏菩薩

　　제존보살마하살 [절]
　　諸尊菩薩摩訶薩

지심귀명례 영산당시 수불부촉
至心歸命禮 靈山當時 受佛付囑

　　십대제자 십육성 오백성
　　十大弟子 十六聖 五百聖

독수성 내지 천이백
獨修聖 乃至 千二百

제대아라한 [무량] 자비성중 [절]
諸大阿羅漢 無量 慈悲聖衆

지심귀명례 서건동진 급아해동
至心歸命禮 西乾東震 及我海東

역대전등 제대조사 천하종사
歷代傳燈 諸大祖師 天下宗師

일체미진수 제대선지식 [절]
一切微塵數 諸大善知識

지심귀명례 시방삼세 제망찰해
至心歸命禮 十方三世 帝網刹海

상주일체 승가야중 [절]
常住一切 僧伽耶衆

유원 무진삼보 대자대비 수아정례
唯願 無盡三寶 大慈大悲 受我頂禮

명훈가피력 원공법계제중생
冥熏加被力 願共法界諸衆生

자타일시성불도 [반배]
自他一時成佛道

[석]예불참회문
夕 禮佛懺悔文

1 대자비로 중생들을 어여삐 보셔
　대희대사 베푸시어 제도하시고
　수승하신 지혜덕상 장엄하시니
　저희들이 정성다해 예배합니다.[절]

2 나모˙ 금강상사 [절]
　南無　金剛上師

3 귀의불 귀의법 귀의승 [절]
　歸依佛 歸依法 歸依僧

4 제가이제　발심하여　예배하옴은
　제스스로　복얻거나　천상에나며
　성문연각　보살지위　구함아니요
　오직오직　최상승을　의지하옵고
　아눗다라삼먁삼보디심 냄이오이다.

---

* 기존의 불교 법요집 등의 〈백팔예참문〉에는 '지심귀명례'로 출판되고 있으나 원전인 『선문일송』 등의 〈예불참회문〉에는 南無(나모)로 되어 있고 해서 칭명예참도 가능한 나모로 표기한다.

원하노니 시방세계　모든중생이
다 함께　무상보리　얻어지이다.[절]

5　**나모 시방 진허공계 일체제불** [절]
　　南無 十方 塵虛空界 一切諸佛

6　**나모 시방 진허공계 일체존법** [절]
　　南無 十方 塵虛空界 一切尊法

7　**나모 시방 진허공계 일체현성승**[절]
　　南無 十方 塵虛空界 一切賢聖僧

8　**나모 여래 응공 정변지 명행족**
　　南無 如來 應供 正徧知 明行足

　　선서 세간해 무상사
　　善逝 世間解 無上士

　　조어장부 천인사 불
　　調御丈夫 天人師 佛

　　세존 [절]
　　世尊

9　**나모 보광불** [절]
　　南無 普光佛

10　**나모 보명불** [절]
　　南無 普明佛

11　**나모 보정불** [절]
　　南無 普淨佛

12　**나모 다마라발전단향불** [절]
　　南無 多摩羅跋栴檀香佛

13　**나모 전단광불** [절]
　　南無 栴檀光佛

14 나모 마니당불 [절]
南無 摩尼幢佛

15 나모 환희장마니보적불 [절]
南無 歡喜藏摩尼寶積佛

16 나모 일체세간락견상대정진불 [절]
南無 一切世間樂見上大精進佛

17 나모 마니당등광불 [절]
南無 摩尼幢燈光佛

18 나모 혜거조불 [절]
南無 慧炬照佛

19 나모 해덕광명불 [절]
南無 海德光明佛

20 나모 금강뢰강보산금광불 [절]
南無 金剛牢强普散金光佛

21 나모 대강정진용맹불 [절]
南無 大强精進勇猛佛

22 나모 대비광불 [절]
南無 大悲光佛

23 나모 자력왕불 [절]
南無 慈力王佛

24 나모 자장불 [절]
南無 慈藏佛

25 나모 전단굴장엄승불 [절]
南無 栴檀窟莊嚴勝佛

26 나모 현선수불 [절]
南無 賢善首佛

27 나모 선의불 [절]
南無 善意佛

28 나모 광장엄왕불 [절]
南無 廣莊嚴王佛

29 나모 금화광불 [절]
南無 金華光佛

30 나모 보개조공자재력왕불 [절]
南無 寶蓋照空自在力王佛

31 나모 허공보화광불 [절]
南無 虛空寶華光佛

32 나모 유리장엄왕불 [절]
南無 琉璃莊嚴王佛

33 나모 보현색신광불 [절]
南無 普現色身光佛

34 나모 부동지광불 [절]
南無 不動智光佛

35 나모 항복중마왕불 [절]
南無 降伏衆魔王佛

36 나모 재광명불 [절]
南無 才光明佛

37 나모 지혜승불 [절]
南無 智慧勝佛

38 나모 미륵선광불 [절]
南無 彌勒仙光佛

39 나모 선적월음묘존지왕불 [절]
南無 善寂月音妙尊智王佛

40 나모 세정광불 [절]
  南無 世淨光佛

41 나모 용종상존왕불 [절]
  南無 龍種上尊王佛

42 나모 일월광불 [절]
  南無 日月光佛

43 나모 일월주광불 [절]
  南無 日月珠光佛

44 나모 혜당승왕불 [절]
  南無 慧幢勝王佛

45 나모 사자후자재력왕불 [절]
  南無 獅子吼自在力王佛

46 나모 묘음승불 [절]
  南無 妙音勝佛

47 나모 상광당불 [절]
  南無 常光幢佛

48 나모 관세등불 [절]
  南無 觀世燈佛

49 나모 혜위등왕불 [절]
  南無 慧威燈王佛

50 나모 법승왕불 [절]
  南無 法勝王佛

51 나모 수미광불 [절]
  南無 須彌光佛

52 나모 수만나화광불 [절]
  南無 須曼那華光佛

53 나모 우담발라화수승왕불 [절]
南無 優曇鉢羅華殊勝王佛

54 나모 대혜력왕불 [절]
南無 大慧力王佛

55 나모 아촉비환희광불 [절]
南無 阿閦毘歡喜光佛

56 나모 무량음성왕불 [절]
南無 無量音聲王佛

57 나모 재광불 [절]
南無 才光佛

58 나모 금해광불 [절]
南無 金海光佛

59 나모 산해혜자재통왕불 [절]
南無 山海慧自在通王佛

60 나모 대통광불 [절]
南無 大通光佛

61 나모 일체법상만왕불 [절]
南無 一切法常滿王佛

62 나모 석가모니불 [절]
南無 釋迦牟尼佛

63 나모 금강불괴불 [절]
南無 金剛不壞佛

64 나모 보광불 [절]
南無 寶光佛

65 나모 용존왕불 [절]
南無 龍尊王佛

66 나모 정진군불 [절]
南無 精進軍佛

67 나모 정진희불 [절]
南無 精進喜佛

68 나모 보화불 [절]
南無 寶火佛

69 나모 보월광불 [절]
南無 寶月光佛

70 나모 현무우불 [절]
南無 現無愚佛

71 나모 보월불 [절]
南無 寶月佛

72 나모 무구불 [절]
南無 無垢佛

73 나모 이구불 [절]
南無 離垢佛

74 나모 용시불 [절]
南無 勇施佛

75 나모 청정불 [절]
南無 清淨佛

76 나모 청정시불 [절]
南無 清淨施佛

77 나모 사류나불 [절]
南無 娑留那佛

78 나모 수천불 [절]
南無 水天佛

79 나모 견덕불 [절]
南無 堅德佛

80 나모 전단공덕불 [절]
南無 栴檀功德佛

81 나모 무량국광불 [절]
南無 無量掬光佛

82 나모 광덕불 [절]
南無 光德佛

83 나모 무우덕불 [절]
南無 無憂德佛

84 나모 나라연불 [절]
南無 那羅延佛

85 나모 공덕화불 [절]
南無 功德華佛

86 나모 연화광유희신통불 [절]
南無 蓮華光遊戲神通佛

87 나모 재공덕불 [절]
南無 才功德佛

88 나모 덕념불 [절]
南無 德念佛

89 나모 선명칭공덕불 [절]
南無 善名稱功德佛

90 나모 홍염제당왕불 [절]
南無 紅燄帝幢王佛

91 나모 선유보공덕불 [절]
南無 善遊步功德佛

92 나모 투전승불 [절]
   南無 鬪戰勝佛
93 나모 선유보불 [절]
   南無 善遊步佛
94 나모 주잡장엄공덕불 [절]
   南無 周匝莊嚴功德佛
95 나모 보화유보불 [절]
   南無 寶華遊步佛
96 나모 보련화선주사라수왕불 [절]
   南無 寶蓮華善住娑羅樹王佛
97 나모 법계장신아미타불 [절]
   南無 法界藏身阿彌陀佛

98 이와같은 모든세계 제불세존은
   어느때나 중생들과 함께하시니
   저희들을 이제다시 살펴주소서
   저희들의 지난날을 생각하오면
   이생으로 저생으로 그먼생으로
   시작없는 옛적부터 내려오면서
   가지가지 지은죄가 한이없으니
   제스스로 혼자서도 지었사오며
   다른이를 시켜서도 짓게하오며

남이하는 나쁜짓을 좋아하였고
탑전이나 삼보도량 갖춘물건도
승물이나 사방승물 가릴것없이
제것인양 마음대로 갖기도하고
다른이를 시켜서도 훔치었으며
상주물건 훔치기를 좋아하였고
무간지옥 떨어질 오역중죄도
제스스로 혼자서도 지었사오며
다른이를 시켜서도 짓게하오며
남이짓는 오역죄를 좋아하였고
삼악도에 떨어질 십악중죄도
제스스로 혼자서도 지었사옵고
다른이를 시켜서도 짓게하오며
남이짓는 십불선도 좋아했으니
이와같은 모든죄가 태산같으되
어떤것은 지금에도 생각에남고

어떤것은　아득하여　알수없으나
알든말든　지은죄에　오는과보는
지옥아귀　축생도나　다른악취나
변지하천　멸려차로　떨어지리니
제가이제　지성다해　부처님전에
이와같은　모든죄상　참회합니다.
　　　　　　　　　　　　　　[절]

99 이자리에　함께하신　제불세존은
저희들의　온갖일을　다아시오니
대자비심　베푸시어　살펴주소서
제가다시　제불전에　아뢰옵니다
저희들이　옛적부터　살아오면서
보시공덕　지었거나　계를가지되
축생에게　먹이한입　준일로부터
청정법행　닦고익힌　정행공덕과
중생들을　성취시킨　선근공덕과
무상보리　수행해온　수행공덕과

위없는　　　큰지혜의　　모든공덕도
모든것을　　함께모아　　요량하여서
남김없이　　보리도에　　회향하옵되
시방삼세　　상주하신　　부처님께서
지으신　　　온갖공덕　　회향하듯이
저도또한　　그와같이　　회향합니다.
제가이제　　모든죄상　　참회하옵고
모든복덕　　남김없이　　수희하오며
부처님을　　청하온　　　공덕으로써
무상지혜　　이뤄지길　　원하옵니다.
시방삼세　　상주하신　　부처님들은
시방세계　　다함없는　　중생들에게
가없고　　　한량없는　　공덕바다니
제가이제　　목숨바쳐　　절하옵니다.

[절]

100　가없는　　시방세계　그가운데에
　　과거현재　미래세의　부처님들께

맑고맑은 몸과말과 뜻을기울여
빠짐없이 두루두루 예경하옵되
보현보살 행과원의 위신력으로
널리일체 여래전에 몸을나투고
한몸다시 찰진수효 몸을나투어
찰진수불 빠짐없이 예경합니다.[절]

101 일미진중 미진수효 부처님계셔
곳곳마다 많은보살 모이시었고
무진법계 미진에도 또한그같이
부처님이 충만하심 깊이믿으며
몸몸마다 한량없는 음성으로써
다함없는 묘한말씀 모두내어서
오는세상 일체겁이 다할때까지
부처님의 깊은공덕 찬탄합니다.
[절]

102 아름답기 으뜸가는 여러꽃타래
좋은풍류 좋은향수 좋은일산들

이와같은　훌륭하온　장엄구로써
시방삼세　부처님께　공양하오며
으뜸가는　좋은의복　좋은향들과
가루향과　꽂는향과　등과촛불의
낱낱것을　수미산의　높이로모아
일체여래　빠짐없이　공양하오며
넓고크고　수승하온　이내슬기로
시방삼세　부처님을　깊이믿삽고
보현보살　행원력을　모두기울여
일체제불　빠짐없이　공양합니다.
[절]

103　지난세상　제가지은　모든악업은
무시이래　탐진치심　어리석음에
몸과말과　뜻으로써　지었음이라
제가이제　남김없이　참회합니다.
[절]

104　시방세계　여러종류　모든중생과

성문연각　유학무학　여러이승과
일체의　　부처님과　모든보살의
지니옵신　온갖공덕　기뻐합니다.
[절]

105 시방세계　계시옵는　세간등불과
　　가장처음　보리도를　이루신님께
　　위없는　　묘한법문　설하시기를
　　제가이제　지성다해　권청합니다.
[절]

106 부처님이　대열반에　들려하시면
　　무량겁을　이세상에　계시오면서
　　일체중생　이락하게　살펴주시길
　　있는지성　기울여서　권청합니다.
[절]

107 부처님을　예찬하고　공양한공덕
　　오래계셔　법문하심　청하온공덕

기뻐하고　　참회하온　　온갖선근을
중생들과　　보리도에　　회향합니다.
[절]

108 원합노니　　수승하온　　이공덕이여
위없는　　　진법계에　　회향하소서.
이치에도　　현상에도　　막힘이없고
불법이고　　세간이고　　걸림이없는
삼보님과　　삼매인의　　공덕바다를
제가이제　　남김없이　　회향하오니,
모든중생　　신구의로　　지은업장들
잘못보고　　트집잡고　　비방도하고
나와법을　　집착하여　　내던망견들
모든업장　　남김없이　　소멸되어서
순간순간　　큰지혜가　　법계에퍼져
모든중생　　빠짐없이　　건져지이다.
허공계가　　다하고　　　중생다하고
중생업이　　다하고　　　번뇌다함이

넓고크고 가없어 한량없으니
저희들의 회향도 이러지이다. [절]

나모 대행 보현보살
나모 대행 보현보살
나모 대행 보현보살 마하살 [저두]

예신중단
禮神衆壇

다게
茶偈

청정명다약 능제병혼침
清淨名茶藥 能除病昏沈

유기옹호중 원수애납수
唯冀擁護衆 願垂哀納受

찬게
讚偈

옹호성중혜감명 사주인사일념지
擁護聖衆慧鑑明 四洲人事一念知

애민중생여적자 시고아금공경례 [절]
哀愍衆生如赤子 是故我今恭敬禮

[104위 수륙성중을 모셨을 때]

지심귀명례 금강보살명왕중 [절]
至心歸命禮 金剛菩薩明王衆

지심귀명례 범석사왕일월제천중 [절]
至心歸命禮 梵釋四王日月諸天衆

지심귀명례 하계당처 일체호법
至心歸命禮 下界當處 一切護法

　　　　　선신등중 [절]
　　　　　善神等衆

[39위 화엄성중을 모셨을 때]

지심귀명례 화엄회상
至心歸命禮 華嚴會上

　　　　　욕색제천중 [절]
　　　　　欲色諸天衆

지심귀명례 화엄회상
至心歸命禮 華嚴會上

　　　　　팔부사왕중 [절]
　　　　　八部四王衆

지심귀명례 화엄회상
至心歸命禮 華嚴會上

　　　　　호법선신중 [절]
　　　　　護法善神衆

[104위 혹은 39위 성중 예경을 마치고 하는 발원]

원제호법성현중 위아옹호불리신
願諸護法聖賢衆 爲我擁護不離身
어제난처무제난 심중소원능성취
於諸難處無諸難 心中所願能成就

　불법문중 옹호하시는 성현이시여,
　저희를 옹호하여 떠나지 마옵시고
　어려움에 처하더라도 어려움 없어지고
　마음속의 소원이 이뤄지게 하소서.

예명부시왕
禮冥府十王

향게
香偈

계향 정향 혜향 해탈향 해탈지견향
戒香 定香 慧香 解脫香 解脫知見香

광명운대 주변법계
光明雲臺 周遍法界

공양시방 무량불법승 [저두]
供養十方 無量佛法僧

헌향진언
獻香眞言

「옴 바아라 도비야 훔」 [삼편]

일심정례 견사자시 영승흑마 수파
一心頂禮 遣使者時 令乘黑馬 手把

흑번 신착흑의 검망인가 조하
黑幡 身着黑衣 檢亡人家 造何

공덕 준명방첩 추출죄인 불위
功德 准名放牒 抽出罪人 不違

서원 제일진광대왕 유원자비
誓願 第一秦廣大王 唯願慈悲

수아정례 현증복수 당생정찰
受我頂禮 現增福壽 當生淨刹

일심으로 사자를 보낼 때는 검은 말을 타도록 하고 몸에는 검은 번기를 들게 하며 몸에는 검은 옷을 입게 하여 망인의 집안을 검색하여 어떤 공덕을 지었는지를 이름에 준하는 첩문을 보내 죄인을 추출하되 서원을 어기지 않는 제일 진광대왕님께 절하오니 자비로써 받으시고, 현생에는 복과 수명 늘어나고 내생에는 극락에 나게 하소서.

일심정례 주불사의 대승보살 수원
一心頂禮　住不思儀　大乘菩薩　首願

섭화 증고중생 권현시적 대규
攝化　拯苦衆生　權現示跡　大叫

환옥 식본자심 제이초강대왕
喚獄　植本慈心　第二初江大王

유원자비 수아정례 현증복수
唯願慈悲　受我頂禮　現增福壽

당생정찰
當生淨刹

일심으로, 부사의한 자리에 머무시는 대승보살은 먼저 중생을 교화하고 포섭할 것을 서원하고 고통 받는 중생을 건지시고 방편으로 자취를 나타내며 크게 고통 받는 지옥 중생을 불러 근본의 자비심을 심어주시는 제2 초강대왕님께 절하오니 자비로써 받으시고, 현생에는 복과 수명 늘어나고 내생에는 극락에 나게 하소서.

일심정례 검찰인천 소작과보 유일
一心頂禮　檢察人天　所作果報　有一

비구 구범중죄 지일자람 재거
比丘　俱犯重罪　知一字覽　才擧

심두 사면도산 일시박락 왕배
心頭 四面刀山 一時撲落 王拜

례왈 수의왕생 제삼송제대왕
禮曰 隨意往生 第三宋帝大王

유원자비 수아정례 현증복수
唯願慈悲 受我頂禮 現增福壽

당생정찰
當生淨刹

일심으로, 인간세상 지은 과보 살피다가 중죄를 지었으나 람자 한자를 아는 비구가 마음에 람자를 새기자 사면의 칼산이 일시에 떨어져 나가는 것을 보고 "마음대로 극락세계 왕생하소서."라고 절하며 말씀하신 제3 송제대왕님께 절하오니 자비로써 받으시고, 현생에는 복과 수명 늘어나고 내생에는 극락에 나게 하소서.

일심정례 어제선악 불경좌우 직절
一心頂禮 於諸善惡 不傾左右 直截

이단 사무체애 공중현칭 칭량
而斷 使無滯碍 空中懸秤 秤量

업인 제사오관대왕 유원자비
業因 第四五官大王 唯願慈悲

수아정례 현증복수 당생정찰
受我頂禮 現增福壽 當生淨刹

일심으로, 모든 선악에 대해 좌우 어느 쪽으로 기울지 않고 바르게 판단하여 단정하되 걸림이 없게 하며 공중에 저울을 달아놓고 업의 원인 재어보는 제4 오관대왕님께 절하오니 자비로써 받으시고, 현생에는 복과 수명 늘어나고 내생에는 극락에 나게 하소서.

일심정례 어미래세 당득작불 호보
一心頂禮 於未來世 當得作佛 號普

현왕여래 십호구족 국토엄정
現王如來 十號具足 國土嚴淨

백복화엄 국명화엄 중생충만
百福華嚴 國名華嚴 衆生充滿

제오염라대왕 유원자비 수아
第五閻羅大王 唯願慈悲 受我

정례 현증복수 당생정찰
頂禮 現增福壽 當生淨刹

일심으로, 미래세에 성불하여 보현왕여래라 불리며 십 호가 구족되고 국토가 깨끗하게 장엄되고 백복이 장엄하여 나라 이름 화엄이고 보살이 가득하게 되는 제5 염라대왕님께 절하오니 자비로써 받으시고, 현생에는 복과 수명 늘어나고 내생에는 극락에 나게 하소서.

일심정례 죄인소끽 평생지육 약비
一心頂禮 罪人所喫 平生之肉 若非

부모 불입어구 적혈임리 두지
父母 不入於口 赤血淋漓 斗之

여해 진피죄칙 하겁유한 단분
如海 盡被罪則 何劫有限 斷分

출옥 제육변성대왕 유원자비
出獄 第六變成大王 唯願慈悲

수아정례 현증복수 당생정찰
受我頂禮 現增福壽 當生淨刹

일심으로, 죄인이 평생 동안 먹은 고기는 부모가 아니라면 입에 넣지 않았고, 붉은 피가 젖어 스며드니 재어 보면 바다 같아, 그 죄를 받게 되면 얼마만큼 기한이 돼야 그것을 끊고 지옥에서 나오랴, 제6 변성대왕님께 절하오니 자비로써 받으시고, 현생에는 복과 수명 늘어나고 내생에는 극락에 나게 하소서.

일심정례 세인치심 수청명사 불이
一心頂禮 世人癡心 雖請冥司 不以

예의 연의불칙 내청공양 수록
禮儀 然依佛勅 乃請供養 收錄

선안 제칠태산대왕 유원자비
善案 第七泰山大王 唯願慈悲

수아정례 현증복수 당생정찰
受我頂禮 現增福壽 當生淨刹

일심으로, 세상 사람들은 어리석은 마음에 비록 명부 관리를 청하나 예의에 어긋나서 부처님의 가르침에 의지하여 곧 청해 공양 올리면 선한 일을 한 사람의 기록문서에 기록하는 제7 태산대왕님께 절하오니 자비로써 받으시고, 현생에는 복과 수명 늘어나고 내생에는 극락에 나게 하소서.

일심정례 요지망인 평생지업 비단
一心頂禮 了知亡人 平生之業 非但

요지 현행선악 역능세찰 심념
了知 現行善惡 亦能細察 心念

은행 불착사호 제팔평등대왕
隱行 不錯絲毫 第八平等大王

유원자비 수아정례 현증복수
唯願慈悲 受我頂禮 現增福壽

당생정찰
當生淨刹

일심으로, 망인의 평생 지은 업을 분명히 알며, 단지 현재 지은 선악을 아는 것이 아니라 마음으로 생각하되 은밀히 실천하는 것까지 세밀히 관찰하여 조금도 착오가 없으신 제8 평등대왕님께 절하오니 자비로써 받으시고, 현생에는 복과 수명 늘어나고 내생에는 극락에 나게 하소서.

일심정례 불불능구 중생정업 약불
一心頂禮 佛不能救 衆生定業 若不

몽아 명왕본원 삼계중생 영겁불
蒙我 冥王本願 三界衆生 永劫不

출 맹화지옥 일일일야 탄지멸화
出 猛火地獄 一日一夜 彈指滅火

제구도시대왕 유원자비 수아정
第九都市大王 唯願慈悲 受我頂

례 현증복수 당생정찰
禮 現增福壽 當生淨刹

일심으로, 정해진 업이 있는 중생은 부처님도 구하지 못하니 명왕의 본원을 입지 않으면 삼계의 중생이 하루 한 번 맹렬한 불길이 치솟는 지옥을 영원히 벗어날 수 없는데 탄지 간에 불길을 소멸하는 제9 도시대왕님께 절하오니 자비로써 받으시고, 현생에는 복과 수명 늘어나고 내생에는 극락에 나게 하소서.

일심정례 약무지옥 무일중생 득성
一心頂禮 若無地獄 無一衆生 得成

정각 흥비강존 권성불도 제십
正覺 興悲降尊 勸成佛道 第十

오도전륜대왕 유원자비 수아
五道轉輪大王 唯願慈悲 受我

정례 현증복수 당생정찰
頂禮 現增福壽 當生淨刹

일심으로, 지옥이 없어지고 그곳에 한 중생도 없다면 정각을 이뤘을 것이나 자비를 일으켜 강탄하신 존자시며 성불의 길을 권하시는 제10 오도전륜대왕님께 절하오니 자비로써 받으시고, 현생에는 복과 수명 늘어나고 내생에는 극락에 나게 하소서.

예산왕대신
禮山王大神

향게
香偈

계향 정향 혜향 해탈향 해탈지견향
戒香 定香 慧香 解脫香 解脫知見香

광명운대 주변법계
光明雲臺 周遍法界

공양시방 무량불법승 [저두]
供養十方 無量佛法僧

헌향진언
獻香眞言

「옴 바아라 도비야 훔」 [삼편]

찬게
讚偈

영산석일여래촉 위진강산도중생
靈山昔日如來囑 位鎭江山度衆生

만리백운청장리 운거학가임한정
萬里白雲靑嶂裏 雲車鶴駕任閑情

그 옛날 영산에서 여래의 부촉을 받아
강산에 진을 치고 중생을 건지시네.
온 세계에 백운 가득 푸른 산속까지
구름 타고 학을 타고 한가로이 거니시네.

일심정례 만덕고승 성개한적
一心頂禮 萬德高勝 性皆閑寂

산왕대신 [절] 유원자비
山王大神 唯願慈悲

수아정례 현증복수 당생정찰
受我頂禮 現增福壽 當生淨刹

일심정례 차산국내 항주대성
一心頂禮 此山局內 恒住大聖

산왕대신 [절] 유원자비
山王大神 唯願慈悲

수아정례 현증복수 당생정찰
受我頂禮 現增福壽 當生淨刹

일심정례 시방법계 지령지성
一心頂禮 十方法界 至靈至誠

산왕대신 [절] 유원자비
山王大神 唯願慈悲

수아정례 현증복수 당생정찰
受我頂禮 現增福壽 當生淨刹

예칠성단
禮七星壇

향게
香偈

계향 정향 혜향 해탈향 해탈지견향
戒香 定香 慧香 解脫香 解脫知見香

광명운대 주변법계
光明雲臺 周遍法界

공양시방 무량불법승 [저두]
供養十方 無量佛法僧

헌향진언
獻香眞言

「옴 바아라 도비야 훔」 [삼편]

찬게
讚偈

자미대제통성군 십이궁중태을신
紫微大帝統星君 十二宮中太乙神

칠정제림위성주 삼태공조작현신
七政齊臨爲聖主 三台共照作賢臣

여러 성군 거느리는 자미대제는

십이궁 가운데 태을신이라.

칠원성군은 함께 임해 성주가 되고

삼태성은 함께 비춰 어진 신하가 되네.

일심정례 금륜보계 치성광여래불
一心頂禮 金輪寶界 熾盛光如來佛

  유원자비 수아정례
  惟願慈悲 受我頂禮

  현증복수 당생정찰
  現增福壽 當生淨刹

일심정례 좌우보처 일광월광
一心頂禮 左右補處 日光月光

  양대보살
  兩大菩薩

  유원자비 수아정례
  惟願慈悲 受我頂禮

  현증복수 당생정찰
  現增福壽 當生淨刹

일심정례 북두대성 칠원성군
一心頂禮 北斗大星 七元星君

  주천열요 제성군중
  周天列曜 諸星君衆

  유원자비 수아정례
  惟願慈悲 受我頂禮

  현증복수 당생정찰
  現增福壽 當生淨刹

하단염송 법성게
下壇念誦 法性偈

義相祖師(625~702) 撰

법과자성 원융하여　두모습이 본래없고
모든법은 동함없이　본래부터 고요하며
이름없고 모습없이　일체가　　끊어졌고
깨달음을 얻고보니　다른경계 아니로다.
참된성품 매우깊어　지극히　　미묘하며
자성을　집착않고　인연따라 나타내네.
하나속에 일체있고　일체속에 하나있어
하나가 곧 일체요　일체가 곧 하나라.
하나의 작은 티끌　시방세계 머금었고
낱낱의 티끌마다　시방우주 다 들었네.
한량없는 긴시간이　곧바로 한 찰나고
찰나간의 한순간이　무량한 긴 겁이니
구세와　십세가　얽혀 돌며 일치하니
얽힌듯도 하지만　너무도 분명하네.
처음발심 했을때가　곧바로 정각 자리
생사와 열반 경계　항상 함께 조화롭네.

실상현상 두자리가　명연하여 구분 없어
열분부처 보현보살　대인의 경계로세.
해인삼매 진여해에　자재하게 들어가서
한량없는 여의주를　마음대로 쏟아내니
중생돕는 보배비가　허공에 가득 차서
중생들은 그릇따라　온갖이익 얻게되네.
이러하니 수행자는　본향으로 돌아가소.
모든망상 쉬어야만　분명코　가오리니
걸림없는 선교방편　여의주를 얻으시어
본향으로 돌아갈때　노자 돈 삼으시라.
한량없이 많고많은　다라니 보배로써
법계를　실다운　　보전으로 장엄하여
허상을　여의고　　중도 자리 앉으시니
동함없는 그자리를　붓다라 부른다네.

영가시어
靈駕示語

○ 영가시어 독송법

영가시어란 영령들에게 제법실상을 보여 주는 법문(어)라는 뜻이다. '영가시어'를 독송하기 전에 먼저 영가(靈駕)를 위해 생전에 좋아하고 즐기던 음식들을 정성껏 마련하여 조촐한 제상을 차린다. 특히 상 위에는 영가의 사진 또는 초상화, 위패 내지 망인이 생전에 가장 아끼던 소중한 물건 등을 반듯하게 올려놓는 것이 중요하다. 이어 천도행자(薦度行者)는 설단(設壇)한 바로 정면에 자리를 잡고 단정히 앉은 후에 마치 살아 있는 사람을 마주 대한다는 마음가짐으로 영가시어를 염송한다. 참회발원, 상단 중단 공양에 이어서 봉행하는 경우가 아니면 천수다라니 3편을 독송하고, '깨달음의 말씀'인 영가시어(靈駕示語)를 또박또박 정확하게 천천히 처음부터 끝까지 반복하여 세 번 이상 읽어주되, 시간이 모자랄 때에는 그 영가에게 관계된다고 생각되는 중요한 대목(게송)만 골라서 세 번 이상 다음 순서에 따라 읽어주면 된다.

○ **擧佛**(거불: 입재가지)

나모상주시방불(南無常住十方佛) 목탁 ↘

나모상주시방법(南無常住十方法) 목탁 ↘

나모상주시방승(南無常住十方僧) 목탁 ↘

○ 讚坐偈(찬좌게: 안좌를 찬탄하는 게송)

불신충만어법계　　법계에 충만하신 부처님 몸은
佛身充滿於法界

보현일체중생전　　일체 모든 중생 앞에 드러내시고
普現一切衆生前

수연부감미부주　　인연 따라 감응하여 두루하시니
隨緣赴感靡不周

이항처차보리좌　　늘 머무는 이곳이 보리좌로다
而恒處此菩提座

목탁 ↘ 요령 삼편 ↘

○○○복위　○○○영가 [삼편]
영가시어 1편 (또는 3편) 위고혼 염송
지심체청 지심체수 요령 삼편 ↘

마음 밝혀 떠나가실 ○○○ 영가여

[영가시어 염송 273~277쪽 참조]

○ 入定 · 看經(입정 · 간경)

　공양 · 참회 · 정근 · 발원을 한 후 한적한 곳에 자리를 잡고 입재가지를 염송한 후 가부좌 혹은 반가부좌 자세로 수식관이나 자비관 등 지도법사의 지도에 따라 명상에 들어간다. 또는 경전을 선택해 마음속으로 염송한다.

조례종송
朝禮鐘頌

> ※ 의미: 종송은 미망에 빠진 모든 중생들의 깊은 잠을 깨워주며 지옥에서 고통 받는 중생들에게 극락세계의 장엄을 일러주고 귀의 발원하도록 하는 의식이다.
> ※ 방법: 집전자는 도량석이 끝나기 전에 미리 법당 안 소종 앞에 앉아서 도량석 목탁이 끝맺음을 할 때 먼저 종틀을 울린 후 소종을 울린다.

願此鐘聲遍法界 鐵圍幽暗悉皆明
원 차 종 성 변 법 계   철 위 유 암 실 개 명

三途離苦破刀山 一切衆生成正覺
삼 도 이 고 파 도 산   일 체 중 생 성 정 각

이 종소리 온 법계에 두루 퍼져 철위산 아득한 어둠 다 걷히고 삼악도의 고통 여의고 도산지옥 무너져서 일체 중생 바른 깨침 이뤄 지이다.

南無 毘盧敎主 華藏慈尊
나모   비로교주   화장자존

演寶偈之金文 布琅函之玉軸
연 보 게 지 금 문   포 랑 함 지 옥 축

塵塵混入 刹刹圓融
진 진 혼 입   찰 찰 원 융

十兆九萬五千四十八字
십 조 구 만 오 천 사 십 팔 자

一乘圓敎 大方廣佛華嚴經 [삼편]
일 승 원 교   대 방 광 불 화 엄 경

비로교주 화장자존께서 보배로운 게송으로 금문을 설하시고 옥과 같은 낭함의 두루마리 펼치시니, 그 가르침이 티끌마다 서로 스며들고 세계마다 원융 이뤄 십조 구만 오천 사십 팔자 일승원교 대방광불화엄경의 가르침에 귀명합니다. 나모대방광불화엄경 [삼편]

○ 破地獄偈(唯心偈)

若人欲了知 三世一切佛
약 인 욕 요 지   삼 세 일 체 불

應觀法界性 一切唯心造
응 관 법 계 성   일 체 유 심 조

과거 현재 미래세의 모든 부처님, 그 가르침을 알고자 한다면 모든 것은 이 마음이 지은 것이라는 법계성품을 관할지니라.

破地獄眞言
파 지 옥 진 언

「나모 아따 시지남 삼먁삼못다
구치남
옴 아자나 바바시 지리지리 훔」

[삼편]

[莊嚴念佛=淨土修業]
장엄염불 정토수업

願我盡生無別念 阿彌陀佛獨相隨
원아진생무별념 아미타불독상수
心心常係玉毫光 念念不離金色相
심심상계옥호광 염념불리금색상

이 생명 다하도록 별 생각 않고 애오라지 아미타불 따르오며 마음마다 옥호광명 늘 떠올리고 언제나 금빛 모습 늘 간직하네.

我執念珠法界觀 虛空爲繩無不貫
아집염주법계관 허공위승무불관
平等舍那無何處 觀求西方阿彌陀
평등사나무하처 관구서방아미타

염주 잡고 법계를 관하오니 허공으로 끈을 삼아 못 꿰는 것 없고 평등한 노사나불 안 계신 곳 없어 서방정토 아미타불 관하여 구합니다.

南無西方大敎主 無量壽如來佛
나모서방대교주 무량수여래불

「南無阿彌陀佛」[십념]
나모아미타불

> ※ 아미타불 정근 및 이하의 장엄염불은 시간과 상황에 따라 가감한다.

極樂世界 十種莊嚴
극락세계 십종장엄

法藏誓願修因莊嚴 　**四十八願願力莊嚴**
법장서원수인장엄　사십팔원원력장엄

彌陀名號壽光莊嚴 　**三大士觀寶像莊嚴**
미타명호수광장엄　삼대사관보상장엄

彌陀國土安樂莊嚴 　**寶河淸淨德水莊嚴**
미타국토안락장엄　보하청정덕수장엄

寶殿如意樓閣莊嚴 　**晝夜長遠時分莊嚴**
보전여의누각장엄　주야장원시분장엄

二十四樂淨土莊嚴 　**三十種益功德莊嚴**
이십사락정토장엄　삼십종익공덕장엄

법장비구 서원 세워 인행 닦은 장엄이요,
48원 거룩하신 원력으로 장엄이요,
아미타불 명호 불러 무량한 빛 장엄이요,
세 분 성현 보배로운 상호의 장엄이요,
아미타불 국토를 안락한 장엄이요,
보배 강물 맑고 맑은 공덕수의 장엄이요,
보배궁전 여의누각 층층으로 장엄이요,
낮과 밤의 길고 길어 시간 세계 장엄이요,
이십사 종 즐거움이 정토 가득 장엄이요,
서른 가지 이익 되는 공덕 장엄 이루었네.

南無阿彌陀佛
나모아미타불

彌陀因行四十八願　四十八願度脫衆生
미 타 인 행 사 십 팔 원　사 십 팔 원 도 탈 중 생
諸佛菩薩十種大恩　普賢菩薩十種大願
제 불 보 살 십 종 대 은　보 현 보 살 십 종 대 원

南無阿彌陀佛
나 모 아 미 타 불

釋迦如來八相成道
석 가 여 래 팔 상 성 도
兜率來儀相　毘藍降生相　四門遊觀相
도 솔 래 의 상　비 람 강 생 상　사 문 유 관 상
踰城出家相　雪山修道相　樹下降魔相
유 성 출 가 상　설 산 수 도 상　수 하 항 마 상
鹿苑轉法相　雙林涅槃相
녹 원 전 법 상　쌍 림 열 반 상

　도솔천서 백상 타고 인간모태 드신 모습
　룸비니의 동산에서 사자후의 탄생 모습
　사대문을 둘러보고 삶의 무상 아신 모습
　한밤중에 성을 넘어 비장하신 출가 모습
　설산에서 육년 고행 도를 닦는 수행 모습
　보리수하 마군 중을 항복받는 성도 모습
　녹원에서 법을 처음 전하시는 전도 모습
　사라쌍수 아래에서 세상 뜨신 열반 모습

南無阿彌陀佛
나 모 아 미 타 불

多生父母 十種大恩
다생부모 십종대은

懷胎守護恩   **臨産受苦恩**   **生子忘憂恩**
회태수호은   임산수고은   생자망우은

咽苦吐甘恩   **廻乾就濕恩**   **乳哺養育恩**
인고토감은   회간취습은   유포양육은

洗濯不淨恩   **遠行憶念恩**   **爲造惡業恩**
세탁부정은   원행억념은   위조악업은

究竟憐愍恩
구경연민은

　태에 품어 목숨 걸고 보호하여 주신 은혜
　낳으실 때 괴로움을 참아내어 견딘 은혜
　갓난아기 낳은 뒤에 모든 근심 잊은 은혜
　쓴 것 골라 자기 먹고 단 것 찾아 먹인 은혜
　마른자리 아기 뉘고 젖은 데로 가신 은혜
　젖과 밥과 약으로써 양육하여 주신 은혜
　더러운 것 싫다 않고 갈아주고 씻긴 은혜
　먼 길 갔다 올 때까지 걱정하며 애쓴 은혜
　자식 위해 몹쓸 짓도 마다 않고 행한 은혜
　어른 되어 장성해도 가엾어서 하는 은혜

南無阿彌陀佛
나모아미타불

五種大恩 銘心不忘
오종대은 명심불망

各安其所國家之恩 生養劬勞父母之恩
각안기소국가지은 생양구로부모지은

流通正法師長之恩 四事供養檀越之恩
유통정법사장지은 사사공양단월지은

琢磨相成朋友之恩 當可爲報唯此念佛
탁마상성붕우지은 당가위보유차염불

각처에서 편안하게 살게 해 준 나라 은혜
낳아주고 길러주신 하늘같은 부모 은혜
바른 진리 일러주고 깨쳐주신 스승 은혜
의식주와 양약 공양 베풀어준 시주 은혜
함께 닦고 부딪히며 성장시킨 친구 은혜
이 은혜를 갚기 위해 지극정성 염불하리.

南無阿彌陀佛
나무아미타불

[念佛偈염불게]

阿彌陀佛在何方 着得心頭切莫忘
아미타불재하방 착득심두절막망

念到念窮無念處 六門常放紫金光
염도염궁무염처 육문상방자금광

아미타 부처님은 어디에 계신가. 마음 머리에 꽉 붙들어
간절하게 잊지 말고 생각이 다하여서 잡념 없는 곳 이르
면 눈 귀 코 혀 몸 뜻에서 자금광을 발하리라.

南無阿彌陀佛
나무아미타불

[無碍偈무애게]

青山疊疊彌陀窟 滄海茫茫寂滅宮
청 산 첩 첩 미 타 굴　창 해 망 망 적 멸 궁

物物拈來無罣碍 幾看松頂鶴頭紅
물 물 염 래 무 가 애　기 간 송 정 학 두 홍

겹겹의 푸른 산은 아미타불의 거처이고
아득한 푸른 바다는 적멸궁이라.
세상만사 무얼 해도 걸릴 것이 없으니
소나무 위 붉은 학 머리 보게 되리라.

南無阿彌陀佛
나 모 아 미 타 불

[彌陀偈미타게]

極樂堂前滿月容 玉毫金色照虛空
극 락 당 전 만 월 용　옥 호 금 색 조 허 공

若人一念稱名號 頃刻圓成無量功
약 인 일 념 칭 명 호　경 각 원 성 무 량 공

극락전 마당에 만월 같은 얼굴하고
금빛 몸과 옥빛 광명 온 허공을 비추누나.
누구든지 일념으로 그 명호를 부른다면
순식간에 무량공덕 원만하게 이루리라.

南無阿彌陀佛
나 모 아 미 타 불

[度身偈도신게]

三界猶如汲井輪 百千萬劫歷微塵
삼 계 유 여 급 정 륜　백 천 만 겁 역 미 진

此身不向今生度 更待何生度此身
차 신 불 향 금 생 도　갱 대 하 생 도 차 신

삼계윤회는 두레박처럼 돌고 돌아
백천만겁 지나도록 벗어나기 어려운데
이 몸 받은 금생 안에 깨닫지 못한다면
언제 다시 생을 받아 이 내 몸을 구제하리.

南無阿彌陀佛
나 모 아 미 타 불

[贊德偈찬덕게]

刹塵心念可數知 大海中水可飮盡
찰 진 심 념 가 수 지　대 해 중 수 가 음 진

虛空可量風可繫 無能盡說佛功德
허 공 가 량 풍 가 계　무 능 진 설 불 공 덕

세상 티끌과 번뇌를 세고 알고
큰 바다의 그 물을 모두 마시고
허공을 헤아리고 바람 묶어도
부처님의 크신 공덕 다 말 못하리.

南無阿彌陀佛
나 모 아 미 타 불

[夜坐偈야좌게]

山堂靜夜坐無言 寂寂寥寥本自然
산당정야좌무언 적적요요본자연
何事西風動林野 一聲寒雁戾長天
하사서풍동림야 일성한안려장천

조용한 산사에 말없이 앉으니
고요하고 텅 빈 본래 자연 그 자리라.
서쪽 바람 숲 흔들리니 어인 일일까
찬 기러기 울음소리 긴 하늘 가르네.

南無阿彌陀佛
나 모 아 미 타 불

[月雲偈월운게]

報化非眞了妄緣 法身淸淨廣無邊
보화비진요망연 법신청정광무변
千江有水千江月 萬里無雲萬里天
천강유수천강월 만리무운만리천

보신 화신 참 아니니 그릇된 연 끝내면
법신이 청정하여 넓고 넓어 가없어라.
천강의 물에는 일천의 달이 뜨고
만리장천에 구름 없이 하늘은 가없도다.

南無阿彌陀佛
나 모 아 미 타 불

[讚佛偈찬불게]

天上天下無如佛 十方世界亦無比
천 상 천 하 무 여 불　시 방 세 계 역 무 비
世間所有我盡見 一切無有如佛者
세 간 소 유 아 진 견　일 체 무 유 여 불 자

　천상천하 부처님 같은 이 없고
　시방세계 그 누구도 비할 수 없어
　온 세상을 내가 모두 볼지라도
　부처님 같으신 분 일절 없어라.

南無阿彌陀佛
나 모 아 미 타 불

[入山偈입산게]

世尊當入雪山中 一坐不知經六年
세 존 당 입 설 산 중　일 좌 부 지 경 육 년
因見明星云悟道 言詮消息遍三千
인 견 명 성 운 오 도　언 전 소 식 변 삼 천

　세존께서 설산에 드시고는
　한번 앉아 여섯 해를 모르고 지나치셨네.
　밝은 샛별 봄으로써 깨달았다 하셨으니
　한 소식 깨친 말씀 온 세상에 두루 하네.

南無阿彌陀佛
나 모 아 미 타 불

[一樹偈일수게]

圓覺山中生一樹 開花天地未分前
원각산중생일수 개화천지미분전

非靑非白亦非黑 不在春風不在天
비청비백역비흑 부재춘풍부재천

　원만한 깨침 산의 한 나무가
　하늘 땅 나뉘기 전 꽃을 피었네.
　푸르지도 희지도 검지도 않고
　봄바람과 하늘에도 있지 아니 하네.

南無阿彌陀佛
나 모 아 미 타 불

[絲綸偈사륜게]

千尺絲綸直下垂 一波纔動萬波隨
천척사륜직하수 일파재동만파수

夜靜水寒魚不食 滿船空載月明歸
야정수한어불식 만선공재월명귀

　천 길 되는 낚싯줄을 곧게 바로 드리우니
　한 물결이 일어나매 만 물결이 따르도다.
　적막한 밤　물은 차서 고기 물지 아니하니
　한배 가득 텅 빈 채로 달빛 싣고 돌아오네.

南無阿彌陀佛
나 모 아 미 타 불

[三途偈삼도게]

地獄途中受苦衆生 餓鬼途中受苦衆生
지옥도중수고중생　　아귀도중수고중생

畜生途中受苦衆生 聞此鐘聲離苦得樂
축생도중수고중생　　문차종성이고득락

지옥에서 고통 받는 중생이여 이 종소리 듣고 깨치소서.

아귀로 고통 받는 중생이여 이 종소리 듣고

배고픔을 면하소서.

축생으로 고통 받는 중생이여 이 종소리 듣고

밝고 지혜로우소서.

南無阿彌陀佛
나모아미타불

[廻向偈회향게]

願共法界諸衆生 同入彌陀大願海
원공법계제중생　　동입미타대원해

盡未來際度衆生 自他一時成佛道
진미래제도중생　　자타일시성불도

법계의 모든 중생이

아미타불 원력바다에 모두 함께 들어가서

미래세가 다하도록 모든 중생 제도하고

너도나도 모두 일시에 불도를 이뤄지이다.

南無阿彌陀佛
나모아미타불

※ 다음 염불을 하면서 소종을 내리고, '개공성불도'에서 올린 후 다섯 마치로 마친다.

南無 西方淨土 極樂世界 三十六萬億 一十一萬 九千五百 同名同號 大慈大悲 阿彌陀佛
나모 서방정토 극락세계 삼십육만억 일십일만 구천오백 동명동호 대자대비 아미타불

서방정토 극락세계 36만억 일십일만 구천오백 이름과 호 같으시고 대자대비한 아미타부처님께 귀명합니다.

阿彌陀佛 本心微妙眞言
아미타불 본심미묘진언

「다냐타 옴 아리다라 스바하」 [5편, 7편]

願以此功德 普及於一切 我等與衆生 皆共成佛道*
원이차공덕 보급어일체 아등여중생 개공성불도

이 공덕이 일체에 두루 미쳐
우리 모두 불도를 이뤄 지이다.

---

* 공덕게송 2구 뒤에 있던 "當生極樂國 同見無量壽"는 후대에 편입된 구절이라 생략한다.

※ 법고 범종 운판 목어의 사물을 울린 후, 아침 예경
시작을 알리는 법당 소종 예불 쇠를 친다.

시작할 때   마칠 때

※ 곧 바로 마지쇠를 치고 아침예불에 들어간다.

[조]예경의
朝 禮 敬 儀

[대웅전] 향수해례
大雄殿 香水海禮

茶偈
다게

我今淸淨水 變爲甘露茶
아금청정수 변위감로다

奉獻諸尊前 願垂哀納受
봉헌제존전 원수애납수

南無香水海 華藏界 毗盧海會
나모향수해 화장계 비로해회

　　　　　 諸佛諸菩薩
　　　　　 제불제보살

南無千華臺 蓮藏界 舍那海會
나모천화대 연장계 사나해회

　　　　　 諸佛諸菩薩
　　　　　 제불제보살

南無千華上 百億界 釋迦海會
나모천화상 백억계 석가해회

　　　　　 諸佛諸菩薩
　　　　　 제불제보살

南無日月光 琉璃界 藥師海會
나모일월광 유리계 약사해회

　　　　　 諸佛諸菩薩
　　　　　 제불제보살

南無安養國 極樂界 彌陀海會
나 모 안 양 국　극 락 계　미 타 해 회
　　　　　　諸佛諸菩薩
　　　　　　제 불 제 보 살
南無兜率天 內院界 慈氏海會
나 모 도 솔 천　내 원 계　자 씨 해 회
　　　　　　諸佛諸菩薩
　　　　　　제 불 제 보 살
南無大威德 金輪界 消災海會
나 모 대 위 덕　금 륜 계　소 재 해 회
　　　　　　諸佛諸菩薩
　　　　　　제 불 제 보 살
南無淸凉山 金色界 文殊海會
나 모 청 량 산　금 색 계　문 수 해 회
　　　　　　諸佛諸菩薩
　　　　　　제 불 제 보 살
南無峨嵋山 銀色界 普賢海會
나 모 아 미 산　은 색 계　보 현 해 회
　　　　　　諸佛諸菩薩
　　　　　　제 불 제 보 살
南無金剛山 衆香界 法起海會
나 모 금 강 산　중 향 계　법 기 해 회
　　　　　　諸佛諸菩薩
　　　　　　제 불 제 보 살
南無洛迦山 七寶界 觀音海會
나 모 낙 가 산　칠 보 계　관 음 해 회

諸佛諸菩薩
제불제보살

南無七珍山 八寶界 勢至海會
나모칠진산 팔보계 세지해회

諸佛諸菩薩
제불제보살

南無閻摩羅 幽冥界 地藏海會
나모염마라 유명계 지장해회

諸佛諸菩薩
제불제보살

南無盡虛空 徧法界 塵沙海會
나모진허공 편법계 진사해회

諸佛諸菩薩
제불제보살

南無西乾四七 唐土二三 五波分流
나모서건사칠 당토이삼 오파분류

歷代傳燈 諸大祖師 天下宗師
역대전등 제대조사 천하종사

一切微塵數 諸大善知識
일체미진수 제대선지식

唯願 [고두례] 無盡三寶 大慈大悲
유원 무진삼보 대자대비

受我頂禮 冥熏加被力
수아정례 명훈가피력

願共法界諸眾生 同入彌陀大願海
원공법계제중생 동입미타대원해

예석가불
禮 釋迦佛

茶偈
다게

我今淸淨水 變爲甘露茶
아금청정수 변위감로다

奉獻本師前 願垂哀納受 [저두]
봉헌본사전 원수애납수

讚偈
찬게

天上天下無如佛 十方世界亦無比
천상천하무여불 십방세계역무비

世間所有我盡見 一切無有如佛者 [1배]
세간소유아진견 일체무유여불자

至心歸命禮 三界導師 四生慈父
지심귀명례 삼계도사 사생자부

是我本師 釋迦牟尼佛 [1·3배]
시아본사 석가모니불

至心歸命禮 左補處 大智 文殊菩薩
지심귀명례 좌보처 대지 문수보살

[1배]

至心歸命禮 右補處 大行 普賢菩薩
지 심 귀 명 례 우 보 처 대 행 보 현 보 살

[1배]

唯願 [고두례] 釋迦世尊 受我頂禮
유 원   석 가 세 존 수 아 정 례

願共法界諸衆生 自他一時成佛道
원 공 법 계 제 중 생 자 타 일 시 성 불 도

[반배]

예아미타불
禮阿彌陀佛

香偈
향게

我今持此一炷香 變成無盡香雲蓋
아금지차일주향 변성무진향운개

奉獻極樂四聖前 願垂慈悲哀納受
봉헌극락사성전 원수자비애납수

[저두]

讚偈
찬게

無量光中化佛多 仰瞻皆是阿彌陀
무량광중화불다 앙첨개시아미타

應身各挺黃金相 寶髻都旋碧玉螺
응신각정황금상 보계도선벽옥라

[1배]

至心歸命禮 極樂導師
지심귀명례 극락도사

　　　　　阿彌陀如來佛 [3배]
　　　　　아미타여래불

至心歸命禮 左右補處 觀音勢至
지심귀명례 좌우보처 관음세지

　　　　　兩大菩薩 [1배]
　　　　　양대보살

至心歸命禮 一切淸淨
지심귀명례 일체청정

大海衆菩薩摩訶薩 [1배]
대해중보살마하살

唯願 [고두례] 極樂四聖 受我頂禮
유원　　　　극락사성　수아정례

願共法界諸衆生 同入彌陀大願海
원공법계제중생　동입미타대원해

[반배]

예약사불
禮 藥 師 佛

茶偈
다게

我今淸淨水　變爲甘露茶
아금청정수　변위감로다

奉獻藥師前　願垂哀納受　[저두]
봉헌약사전　원수애납수

讚偈
찬게

十二大願接群機　一片悲心無空缺
십이대원접군기　일편비심무공결

凡夫顚倒病根深　不遇藥師罪難滅
범부전도병근심　불우약사죄난멸

[1배]

至心歸命禮　東方滿月世界
지심귀명례　동방만월세계

十二上願
십이상원

藥師琉璃光如來佛　[3배]
약사유리광여래불

至心歸命禮 左補處
지 심 귀 명 례　좌 보 처

　　　　日光遍照消災菩薩 [1배]
　　　　일 광 변 조 소 재 보 살

至心歸命禮 右補處
지 심 귀 명 례　우 보 처

　　　　月光遍照息災菩薩 [1배]
　　　　월 광 변 조 식 재 보 살

唯願 [고두례] 藥師如來 受我頂禮
유 원　　　　약 사 여 래　수 아 정 례

願共法界諸衆生 自他一時成佛道
원 공 법 계 제 중 생　자 타 일 시 성 불 도

[반배]

예관음보살
禮觀音菩薩

茶偈
다게

我今淸淨水 變爲甘露茶
아금청정수 변위감로다

奉獻觀音前 願垂哀納受 [저두]
봉헌관음전 원수애납수

讚偈 [召請 獻供 時]
찬게　　　소청 헌공 시

一葉紅蓮在海中 碧波深處現神通
일엽홍련재해중 벽파심처현신통

昨夜普陀觀自在 今日降赴道場中
작야보타관자재 금일강부도량중

[1배]

讚偈
찬게

白衣觀音無說說 南巡童子不聞聞
백의관음무설설 남순동자불문문

瓶上綠楊三際夏 巖前翠竹十方春
병상녹양삼제하 암전취죽시방춘

[1배]

至心歸命禮 普門示現 願力洪深
지심귀명례　　보문시현　　원력홍심

　　　　　　大慈大悲 觀世音菩薩
　　　　　　대자대비　　관세음보살

至心歸命禮 尋聲救苦 應諸衆生
지심귀명례　　심성구고　　응제중생

　　　　　　大慈大悲 觀世音菩薩
　　　　　　대자대비　　관세음보살

至心歸命禮 左補處 南巡童子
지심귀명례　　좌보처　　남순동자

　　　　　　右補處 海上龍王
　　　　　　우보처　　해상용왕

唯願 [고두례] 觀音大聖 受我頂禮
유원　　　　　관음대성　　수아정례

願共法界諸衆生 同入彌陀大願海
원공법계제중생　　동입미타대원해

[반배]

예지장보살
禮地藏菩薩

茶偈
다게

我今淸淨水 變爲甘露茶
아금청정수 변위감로다

奉獻地藏前 願垂哀納受 [저두]
봉헌지장전 원수애납수

讚偈
찬게

地藏大聖威神力 恒河沙劫說難盡
지장대성위신력 항하사겁설난진

見聞瞻禮一念間 利益人天無量事
견문첨례일념간 이익인천무량사

[1배]

至心歸命禮 幽冥敎主
지심귀명례 유명교주

　　　　　　地藏菩薩摩訶薩 [3배]
　　　　　　지장보살마하살

至心歸命禮 左補處 道明尊者 [1배]
지심귀명례 좌보처 도명존자

至心歸命禮 右補處 無毒鬼王 [1배]
지심귀명례 우보처 무독귀왕

唯願 [고두례] 地藏大聖 受我頂禮
유원　　　　　지장대성　수아정례

願共法界諸衆生 同入彌陀大願海
원공법계제중생　동입미타대원해

[반배]

칠정례예참
七頂禮禮懺

헌다게(獻茶偈, 차올리는 게송)

제가 이제 청정수를 감로다로

삼보 전에 올리오니

받으옵소서,

받으옵소서,

대자비로 받으옵소서. [저두례]

오분향게(五分香偈, 향 올리는 게송)

계향 정향 혜향 해탈향 해탈지견향,

광명구름 두루하여 시방세계 한량없는

삼보 전에 공양합니다.

헌향진언 (獻香眞言, 향 올리는 진언)

 옴 바아라 도비야 훔

 옴 바아라 도비야 훔

 옴 바아라 도비야 훔 [저두례]

지극한 마음으로,
삼계의 스승이며 사생의 어버이신
석가모니 부처님께
절하옵니다.

지극한 마음으로,
시방삼세 항상 계신 불보님께
절하옵니다.

지극한 마음으로,
시방삼세 항상 계신 법보님께
절하옵니다.

지극한 마음으로,
대지문수보살 대행보현보살 대비 관세음
보살 대원본존 지장보살님께 절하옵니다.

지극한 마음으로,
부처님의 부촉 받은 십대제자 십육성

오백성 독수성
내지 천이백 아라한께 절하옵니다.

지극한 마음으로,
우리에게 불법 전한 조사님과 천하종사
한량없는 선지식께
절하옵니다.

지극한 마음으로,
시방삼세 항상 계신 승보님께
절하옵니다.

다함없는 삼보시여,
저희 예경 받으시고 가피력을 내리시어
법계 중생 모두 성불 하여지이다.

[조]예불발원문
朝 禮佛發願文

시방삼세 부처님과 　팔만사천 큰 법보와
보살성문 스님네께 　지성귀의 하옵나니
자비하신 원력으로 　굽어살펴 주옵소서.
저희들이
참된성품 등지옵고 　무명속에 뛰어들어
나고죽는 물결따라 　빛과소리 물이들고
심술궂고 욕심내어 　온갖번뇌 쌓았으며
보고듣고 맛봄으로 　한량없는 죄를지어
잘못된길 갈팡질팡 　생사고해 헤매면서
나와남을 집착하고 　그른길만 찾아다녀
여러생에 지은업장 　크고작은 많은허물
삼보전에 원력빌어 　일심참회 하옵나니
바라옵건대
부처님이 이끄시고 　보살님네 살피시어

---

* 「怡山惠然禪師發願文」 우리말 번역자는 耘虛 선사(1892-1980)로 알려져 있다. 임기중, 『불교가사원전연구』(동국대학교 출판부, 2000), 996쪽.

고통바다 헤어나서 　열반언덕 가사이다.
이세상의 명과복은 　길이길이 창성하고
오는세상 불법지혜 　무럭무럭 자라나서
날적마다 좋은국토 　밝은스승 만나오며
바른신심 굳게세워 　아이로서 출가하여
귀와눈이 총명하고 　말과뜻이 진실하며
세상일에 물안들고 　청정범행 닦고 닦아
서리같이 엄한계율 　털끝인들 범하리까.
점잖으신 거동으로 　모든생명 사랑하여
이내목숨 버리어도 　지성으로 보호하리.
삼재팔난 만나잖고 　불법인연 구족하며
반야지혜 드러나고 　보살마음 견고하여
제불정법 잘배워서 　대승진리 깨달은뒤
육바라밀 행을닦아 　아승기겁 뛰어넘고
곳곳마다 설법으로 　천겁만겁 의심끊고
마군중을 항복받고 　삼보혜명 잇사올제
시방제불 섬기는일 　잠깐인들 쉬오리까.
온갖법문 다배워서 　모두통달 하옵거든
복과지혜 함께늘어 　무량중생 제도하며

여섯가지 신통얻고 　무생법인 이룬 뒤에
관음보살 대자비로 　시방법계 다니면서
보현보살 행원으로 　많은중생 건지실제
여러갈래 몸을나퉈 　미묘법문 연설하고
지옥아귀 나쁜곳엔 　광명놓고 신통보여
내모양을 보는이나 　내이름을 듣는이는
보리마음 모두내어 　윤회고통 벗어나되
화탕지옥 끓는물은 　감로수로 변해지고
검수도산 날선칼날 　연꽃으로 변화되어
고통받던 저중생들 　극락세계 왕생하며
나는새와 기는짐승 　원수맺고 빚진이들
온갖고통 벗어나서 　좋은복락 누려지다.
모진질병 돌적에는 　약풀되어 치료하고
흉년드는 세상에는 　쌀이되어 구제하되
여러중생 이익한일 　한가진들 빼오리까.
천겁만겁 내려오던 　원수거나 친한이나
이세상의 권속들도 　누구누구 할것없이
얽히었던 애정끊고 　삼계고해 벗어나서
시방세계 중생들이 　모두성불 하사이다.

허공끝이 있다한들 이내소원 다하리까.
유정들도 무정들도 일체종지 이뤄지다.
마하반야바라밀
나모 석가모니불
나모 석가모니불
나모시아본사 석가모니불

怡山 然禪師 發願文(이산 연선사 발원문)[*]

歸命十方調御師 演揚淸淨微妙法
三乘四果解脫僧 願賜慈悲哀攝受
但某甲
自違眞性 枉入迷流 隨生死以飄苞 逐色聲而貪染
十纏十使 積成有漏之因 六根六塵 妄作無邊之罪
迷淪苦海 深溺邪途 着我耽人 擧枉措直
累生業障 一切愆尤 仰三寶以慈悲 瀝一心而懺悔
所願
能仁拯拔 善友提携
出煩惱之深淵 到菩提之彼岸 此世福基命位

---

* 性聰 『緇門警訓註』에는 「怡山然禪師發願文」(『韓佛全』 8-610上)이라 하여 혜연 선사라는 표현은 나오지 않는다. 『精選懸吐 緇門』(安震湖 편, 법륜사, 1981, 2판, 50쪽후)에 "然은 惠然이라"는 협주가 있고; 1970년대 이후 吳杲山 『佛子受持讀誦經』(1976년 초판); 李智冠 編 著, 『信行寶鑑』(대각회 출판부, 1980)에는 「이산 혜연 선사 발원문」이라는 이름으로 나타나면서 '慧然'이라고 표기되었다고 보인다.

各願昌隆 來生智種靈苗 同希增秀
生逢中國 長遇明師 正信出家 童眞入道
六根通利 三業純和 不染世緣 常修梵行
執持禁戒 塵業不侵 嚴護威儀 瀝飛無損
不逢八難 不缺四緣 般若智以現前 菩提心而不退
修習正法 了悟大乘 開六度之行門 越三祇之劫海
建法幢於處處 破疑網於重重 降伏衆魔 紹隆三寶
承事十方諸佛 無有疲勞 修學一切法門 悉皆通達
廣作福慧 普利塵沙 得六種之神通 圓一生之佛果
然後
不捨法界 匯入塵勞 等觀音之慈心 行普賢之願海
他方此界 逐類隨形 應現色身 演揚妙法
泥犁苦趣 餓鬼道中 或放大光明 或現諸神變
其有見我相 乃至聞我名 皆發菩提心 永出輪廻苦
火鑊氷河之地 變作香林 飲銅食鐵之徒 化生淨土
披毛戴角 負債含怨 盡罷辛酸 咸沾利樂
疾疫世而現爲藥草 救療沉痾 飢饉時而化作稻粱 濟諸貧餒
但有利益 無不興崇
次期累世寃親 現存眷屬 出四生之汨沒 捨萬劫之愛纏
等與含生 齊成佛道 虛空有盡 我願無窮 情與無情 同圓種智
摩訶般若波羅蜜
南無釋迦牟尼佛 南無釋迦牟尼佛 南無是我本師釋迦牟尼佛
시방에 두루 하신 조어사調御師와
널리 퍼지고 선양宣揚된 청정 미묘법微妙法과
3승三乘 4과四果 증득한 해탈승께 귀의하오니

자비를 내려 주사 가련히 여겨 섭수攝受하오소서.
저(희들은, 누구)는
진여眞如 본성을 어기고 미망迷妄의 세계에 부질없이 들어가,
생사生死를 따라 부침浮沈하였고;
색色과 소리[聲]를 좇아 탐욕에 물들어,
열 가지 얽매임과 번뇌로 무상한 인연을 쌓았고;
6근六根과 6진六塵으로 가없는 죄를 망령스레 지어,
고해苦海의 그릇된 길에 깊숙이 빠져서,
나와 남을 집착하고 굽은 것을 곧은 것이라 억지 부렸습니다.
다생의 업장業障과 일체의 허물을,
삼보三寶를 우러러 자비慈悲에 의지하여
일심一心으로 참회하며 소원합니다.
부처님, 선우善友들을 건져내고 서로 도와
번뇌의 깊은 바다에서 벗어나 깨침의 피안彼岸에 이르며,
금생에는 복福의 터전과 명운命運의 자리가 각각 풍성해지고;
내생에는 지혜 종자의 싹이 더욱 빼어나기를 함께 바라며,
(좋은 나라) 중국에 태어나서 좋은 스승 항상 만나;
바른 믿음으로 출가하여 동진童眞으로 불도佛道에 들어가며,
6근六根은 중도中道에 통하여 막히지 아니하고,
3업三業은 순일하고 동화同和하며,
세속에 물들지 아니하고 청정한 행 항상 닦으며,
금계禁戒를 잘 지켜 땅과 초목 함부로 훼손 않고;
행동거지 조심하여 미물조차 해치지 않으리다.
(불법 만나는 데 장애가 되는 인연인) 8난八難을 만나지 않고

(불법 만나 깨치는 데 도움이 되는 인연인) 4연四緣이 빠지지 않아,
반야지般若智가 눈앞에 드러나고
보리심菩提心에서 물러나지 않으며;
정법正法을 닦고 익히며 대승大乘의 요체를 깨쳐,
육바라밀 실천하여 3기겁해三祇劫海 건너리다.
곳곳에 법法의 깃발 세워 겹겹으로 싸인 의심 없애며,
갖은 마군魔軍 조복하고 3보三寶를 잇사오며,
시방제불 섬기되 지치지 않고,
일체 법문法門 배워 익혀 통달하며,
복과 지혜 널리 지어 한없는 법계 중생 이익 주고,
여섯 종류 신통[六神通] 얻어
일생一生의 불과佛果를 원만히 하오리다.
[그런 뒤에는]
법계를 버리지 않고 속진에 들어,
관음의 자비심과 같아지고 보현의 원력을 행하며,
여기저기 어디서나 온갖 무리 따라 색신을 나타내어 미묘微妙 법문法門 설하며,
지옥 아귀 축생도에 들어 대광명大光明과 신통을 보이리다.
내 모습을 보는 이나 내 이름을 듣는 이는,
보리심菩提心을 내고 윤회의 고통苦海을 영원히 헤어나되,
확탕鑊湯지옥 한빙寒氷지옥 향기로운 숲으로 변해지고;
음동飮銅지옥 철환鐵丸지옥 중생들은 극락에 화생化生하며,
온갖 짐승 빚진 이 원한 품은 이,
모두 괴로움 쉬고 복락福樂이 누려 지이다.

질병 도는 세상에는 약초로 나타내 오랜 병을 치료하고;
굶주리는 세상에는 곡식 되어 가난과 굶주림 건지리니,
쌓지 않음 없으니 이익만 있으리다.
세세생생 원수거나 친한 이나 함께 사는 권속이나
나고 죽는 고통의 부침浮沈에서 벗어나고;
만겁에 걸친 갈애渴愛의 얽매임 끊어지이다.
일체 중생 똑같이 불도佛道를 이루오며,
허공계가 다하고 나의 발원이 다하도록
유정有情 무정無情 일체종지一切種智 함께 원만해지이다.

[약소]예명부시왕
略小 禮冥府十王

茶偈
다게

我今清淨水　變爲甘露茶
아금청정수　변위감로다

奉獻十王前　願垂哀納受 [저두]
봉헌시왕전　원수애납수

一心頂禮　第一秦廣大王　惟願慈悲
일심정례　제일진광대왕　유원자비

　　受我頂禮　現增福壽　當生淨刹
　　수아정례　현증복수　당생정찰

一心頂禮　第二初江大王　惟願慈悲
일심정례　제이초강대왕　유원자비

　　受我頂禮　現增福壽　當生淨刹
　　수아정례　현증복수　당생정찰

一心頂禮　第三宋帝大王　惟願慈悲
일심정례　제삼송제대왕　유원자비

　　受我頂禮　現增福壽　當生淨刹
　　수아정례　현증복수　당생정찰

一心頂禮　第四五官大王　惟願慈悲
일심정례　제사오관대왕　유원자비

　　受我頂禮　現增福壽　當生淨刹
　　수아정례　현증복수　당생정찰

一心頂禮 第五閻羅大王 惟願慈悲
일심정례 제오염라대왕 유원자비
受我頂禮 現增福壽 當生淨刹
수아정례 현증복수 당생정찰

一心頂禮 第六變成大王 惟願慈悲
일심정례 제육변성대왕 유원자비
受我頂禮 現增福壽 當生淨刹
수아정례 현증복수 당생정찰

一心頂禮 第七泰山大王 惟願慈悲
일심정례 제칠태산대왕 유원자비
受我頂禮 現增福壽 當生淨刹
수아정례 현증복수 당생정찰

一心頂禮 第八平等大王 惟願慈悲
일심정례 제팔평등대왕 유원자비
受我頂禮 現增福壽 當生淨刹
수아정례 현증복수 당생정찰

一心頂禮 第九都市大王 惟願慈悲
일심정례 제구도시대왕 유원자비
受我頂禮 現增福壽 當生淨刹
수아정례 현증복수 당생정찰

一心頂禮 第十五道轉輪大王 惟願
일심정례 제십오도전륜대왕 유원
慈悲 受我頂禮 現增福壽 當生
자비 수아정례 현증복수 당생
淨刹
정찰

예산왕대신
禮 山 王 大 神

다게
茶 偈

아금청정수 변위감로다
我 今 清 淨 水　變 爲 甘 露 茶

봉헌칠성단 원수애납수 [저두]
奉 獻 七 星 壇　願 垂 哀 納 受

찬게
讚 偈

영산석일여래촉 위진강산도중생
靈 山 昔 日 如 來 囑　位 鎭 江 山 度 衆 生

만리백운청장리 운거학가임한정
萬 里 白 雲 青 嶂 裏　雲 車 鶴 駕 任 閑 情

일심정례 만덕고승 성개한적 산왕대신
一 心 頂 禮　萬 德 高 勝　性 皆 閑 寂　山 王 大 神

일심정례 차산국내 항주대성 산왕대신
一 心 頂 禮　此 山 局 內　恒 住 大 聖　山 王 大 神

일심정례 시방법계 지령지성 산왕대신
一 心 頂 禮　十 方 法 界　至 靈 至 誠　山 王 大 神

유원자비 수아정례
唯 願 慈 悲　受 我 頂 禮

현증복수 당생정찰
現 增 福 壽　當 生 淨 刹

예칠성단
禮七星壇

다게 茶偈

아금청정수 변위감로다
我今淸淨水 變爲甘露茶

봉헌칠성단 원수애납수 [저두]
奉獻七星壇 願垂哀納受

찬게 讚偈

자미대제통성군 십이궁중태을신
紫微大帝統星君 十二宮中太乙神

칠정제림위성주 삼태공조작현신
七政齊臨爲聖主 三台共照作賢臣

일심정례 금륜보계 치성광여래불
一心頂禮 金輪寶界 熾盛光如來佛

일심정례 좌우보처 일광월광
一心頂禮 左右補處 日光月光

일심정례 북두대성 칠원성군
一心頂禮 北斗大星 七元星君

주천열요 제성군중
周天列曜 諸星君衆

유원자비 수아정례
惟願慈悲 受我頂禮

현증복수 당생정찰
現增福壽 當生淨刹

현행 천수경
現行 千手經

정구업진언 (말로 지은 행위를 깨끗이 하는 진언)
淨口業眞言

「수리수리 마하수리 수수리 스바하」[삼편]

오방내외 안위제신진언
五方內外 安慰諸神眞言

[안토지진언] (관세음보살님을 청해 모시는 진언)
安土地眞言

「나모 사만다 못다남
 옴 도로도로 지미 스바하」[삼편]

개법장진언 (진리의 곳집을 여는 진언)
開法藏眞言

무상심심미묘법 백천만겁난조우
無上甚深微妙法 百千萬劫難遭遇
아금견문득수지 원해여래진실의
我今見聞得受持 願解如來眞實義

높고 깊은 부처님 법 만나기 어렵지만
저는 이제 듣고 지녀 참된 의미 깨치리다.

「옴 아라남 아라다」[삼편]

○ 千手呪請(천수주청: 관음보살님께 다라니를 청함)

천수천안 관자재보살 광대원만
千手千眼 觀自在菩薩 廣大圓滿

무애대비심대다라니 계청
無碍大悲心大陀羅尼 啓請

    천수천안관세음보살님의 광대하고 원만하여
    걸림 없는 대비심의 다라니를 청합니다.

계수관음대비주   원력홍심상호신
稽首觀音大悲主   願力洪深相好身

천비장엄보호지   천안광명변관조
千臂莊嚴普護持   千眼光明遍觀照

진실어중선밀어   무위심내기비심
眞實語中宣密語   無爲心內起悲心

속령만족제희구   영사멸제제죄업
速令滿足諸希求   永使滅除諸罪業

    크신 원력 좋은 상호   천손으로 보호하고
    천안으로 살피시며   법문 속에 밀어 펴고
    무위심서 자비 내어   저희 소원 이뤄주고
    모든 죄업 없애주는   관세음께 절합니다.

천룡중성동자호   백천삼매돈훈수
天龍衆聖同慈護   百千三昧頓熏修

수지신시광명당   수지심시신통장
受持身是光明幢   受持心是神通藏

세척진로원제해   초증보리방편문
洗滌塵勞願濟海   超證菩提方便門

아금칭송서귀의 소원종심실원만
我今稱誦誓歸依 所願從心悉圓滿

천룡중성 옹호하여   온갖 삼매 이뤄지며
지닌 몸은 빛이 나고   지닌 마음 자유롭네.
번뇌 씻고 고해 건너   보리방편 얻게 되며
송주하며 귀의하니   원하는 일 이뤄지네.

나모대비관세음 원아속지일체법
南無大悲觀世音 願我速知一切法

나모대비관세음 원아조득지혜안
南無大悲觀世音 願我早得智慧眼

나모대비관세음   일체 법을 알려 하니
나모대비관세음   지혜 눈을 얻게 되고

나모대비관세음 원아속도일체중
南無大悲觀世音 願我速度一切衆

나모대비관세음 원아조득선방편
南無大悲觀世音 願我早得善方便

나모대비관세음   일체 중생 건져내는
나모대비관세음   좋은 방편 얻게 되며

나모대비관세음 원아속승반야선
南無大悲觀世音 願我速乘般若船

나모대비관세음 원아조득월고해
南無大悲觀世音 願我早得越苦海

나모대비관세음   지혜 배에 어서 올라
나모대비관세음   고통바다 건너가고

나모대비관세음 원아속득계정도
南無大悲觀世音 願我速得戒定道
나모대비관세음 원아조등원적산
南無大悲觀世音 願我早登圓寂山
나모대비관세음 계정혜를 속히 갖춰
나모대비관세음 열반 언덕 올라가며

나모대비관세음 원아속회무위사
南無大悲觀世音 願我速會無爲舍
나모대비관세음 원아조동법성신
南無大悲觀世音 願我早同法性身
나모대비관세음 무위의 집 함께 모여
나모대비관세음 진리의 몸 이루리다.

아약향도산 도산자최절
我若向刀山 刀山自摧折
칼산지옥 내가 가면 칼산 절로 꺾어지고

아약향화탕 화탕자소멸
我若向火湯 火湯自消滅
화탕지옥 내가 가면 화탕 절로 사라지며

아약향지옥 지옥자고갈
我若向地獄 地獄自枯竭
모든 지옥 내가 가면 지옥 절로 없어지고

아약향아귀 아귀자포만
我若向餓鬼 餓鬼自飽滿
아귀세계 내가 가면 아귀 절로 배부르며

아약향수라 악심자조복
我若向修羅 惡心自調伏
아수라계 내가 가면 악한 마음 무너지고

아약향축생 자득대지혜
我若向畜生 自得大智慧
축생세계 내가 가면 지혜 절로 얻어지리.

나모관세음보살마하살
南無觀世音菩薩摩訶薩
나모대세지보살마하살
南無大勢至菩薩摩訶薩
나모천수보살마하살
南無千手菩薩摩訶薩
나모여의륜보살마하살
南無如意輪菩薩摩訶薩
나모대륜보살마하살
南無大輪菩薩摩訶薩
나모관자재보살마하살
南無觀自在菩薩摩訶薩
나모정취보살마하살
南無正趣菩薩摩訶薩
나모만월보살마하살
南無滿月菩薩摩訶薩
나모수월보살마하살
南無水月菩薩摩訶薩
나모군다리보살마하살
南無軍茶利菩薩摩訶薩

나모십일면보살마하살
南無十一面菩薩摩訶薩
나모제대보살마하살
南無諸大菩薩摩訶薩
나모본사아미타불 [삼편]
南無本師阿彌陀佛

신묘장구대다라니
神妙章句大陀羅尼

「나모 라다나 다라야야, 나막 알야 바로기데새바라야 모디사다바야, 마하사다바야 마하가로니가야, 옴, 살바 바예수 다라나 가라야, 다사명 나막 까리다바, 이맘 알야바로기데새바라 다바, 니라간타 나막 하리나야 마발다 이샤미, 살발타 사다남, 수반, 아예염, 살바 보다남 바바 말아 미수다감, 다냐타, 옴, 아로계, 아로가마디, 로가디가란데, 혜혜 하례, 마하모디사다바, 사마라 사마라 하리나야, 구로 구로 갈마 사다야 사다야,

도로 도로 미연데 마하미연데, 다라 다라 다린나례새바라, 자라 자라 마라 미마라, 아마라 몰데, 예혜혜 로계새바라, 라아미사 미나사야, 나베사미사 미나사야, 모하자라미사 미나사야, 호로 호로 마라, 호로 하례, 바나마나바, 사라 사라 시리 시리 소로 소로, 못댜 못댜 모다야 모다야, 매다리야 니라간타, 가마사 날사남 바라하라나야 마낙 스바하, 싯다야 스바하, 마하싯다야 스바하, 싯다유예새바라야 스바하, 니라간타야 스바하, 바라하목카 싱하목카야 스바하, 바나마 하따야 스바하, 자가라욕다야 스바하, 샹카 섭나 네모다나야 스바하, 마하 라구타 다라야 스바하, 바마 사간타 니샤 시체다 가릿나 이나야 스바하, 먀가라 잘마 니바사나야 스바

하, 나모 라다나 다라야야, 나막 알야
바로기뎨새바라야 스바하」 [3·21·108편]

[불공(不空, 705~774) 본 천수다라니 분구는 84구로 나뉘어져 있고, 가범달마 본은 82구로 분절되었다. 하지만 국내 유통된 『관세음보살영험약초』에는 위에서와 같이 분절돼 그려져 있으므로 앞의 문자적 의미의 번역을 참고해서 살펴볼 필요가 있다.]

○ 四方讚(사방찬: 가지주수한 물을 사방에 뿌린 후 하는 게송)

일쇄동방결도량　　이쇄남방득청량
一 灑 東 方 潔 道 場　　二 灑 南 方 得 清 凉
삼쇄서방구정토　　사쇄북방영안강
三 灑 西 方 俱 淨 土　　四 灑 北 方 永 安 康

　동방에 물 뿌리니 도량이 깨끗하고
　남방에 물 뿌리니 천지가 청량하며
　서방에 물 뿌리니 정토가 이뤄지고
　북쪽에 물 뿌리니 영원히 평안하네.

○ 道場讚(도량찬: 도량이 청정해졌음을 찬탄하는 게송)

도량청정무하예　　삼보천룡강차지
道 場 清 淨 無 瑕 穢　　三 寶 天 龍 降 此 地
아금지송묘진언　　원사자비밀가호
我 今 持 誦 妙 眞 言　　願 賜 慈 悲 密 加 護

　청정도량 티끌 없어　　삼보천룡 예오시네
　미묘 진언 외우오니　　대자비로 살피소서.

[도량찬을 마치고 권공이나 시식을 위한 거불로 들어감]

○ **懺悔偈**(참회게: 죄업을 뉘우치는 게송)

아석소조제악업   개유무시탐진치
我昔所造諸惡業   皆由無始貪瞋癡

종신구의지소생   일체아금개참회
從身口意之所生   一切我今皆懺悔

제가 지은 모든 악업   탐진치로 생겨났고
신구의로 지었으니   일체 참회 하옵니다.

○ **懺除業障十二尊佛**(참제업장12존불)

나모보승장불
南無寶勝藏佛

나모보광왕화염조불
南無寶光王火焰照佛

나모일체향화자재력왕불
南無一切香華自在力王佛

나모백억항하사결정불
南無百億恒河沙決定佛

나모진위덕불
南無振威德佛

나모금강견강소복괴산불
南無金剛堅强消伏壞散佛

나모보광월전묘음존왕불
南無寶光月殿妙音尊王佛

나모환희장마니보적불
南無歡喜藏摩尼寶積佛

나모무진향승왕불
南無無盡香勝王佛

나모사자월불
南無獅子月佛

나모환희장엄주왕불
南無歡喜莊嚴珠王佛

나모제보당마니승광불
南無帝寶幢摩尼勝光佛

○十惡懺悔(십악참회: 열 가지 악업 참회: 사참)

살생중죄금일참회　생명 해친 제 잘못을 참회하고
殺生重罪今日懺悔

투도중죄금일참회　도둑질한 제 잘못을 참회하며
偸盜重罪今日懺悔

사음중죄금일참회　삿된 음행 제 잘못을 참회하고
邪淫重罪今日懺悔

망어중죄금일참회　거짓말 한 제 잘못을 참회하며
妄語重罪今日懺悔

기어중죄금일참회　꾸밈말 한 제 잘못을 참회하고
綺語重罪今日懺悔

양설중죄금일참회　이간질한 제 잘못을 참회하며
兩舌重罪今日懺悔

악구중죄금일참회　악한 말한 제 잘못을 참회하고
惡口重罪今日懺悔

탐애중죄금일참회　욕심 부린 제 잘못을 참회하며
貪愛重罪今日懺悔

진에중죄금일참회　성내버린 제 잘못을 참회하고
瞋恚重罪今日懺悔

치암중죄금일참회　어리석은 제 잘못을 참회합니다.
癡暗重罪今日懺悔

○ 理懺(이참)

백겁적집죄 일념돈탕제
百劫積集罪 一念頓蕩除

여화분고초 멸진무유여
如火焚枯草 滅盡無遺餘

오랜 세월 쌓인 죄업 한 순간에 없어지니
마른풀을 태우듯이 남음 없이 사라지네.

죄무자성종심기 심약멸시죄역망
罪無自性從心起 心若滅時罪亦亡

죄망심멸양구공 시즉명위진참회
罪亡心滅兩俱空 是則名爲眞懺悔

죄의 자성 본래 없어 마음 따라 일어나니
마음마저 없어지면 죄도 함께 사라지네.
모든 죄가 다해지고 마음조차 사라져서
죄와 마음 공해지면 진실한 참회라네.

참회진언 (죄업을 뉘우치는 진언)
懺悔眞言

「옴 살바 못자모지 사다야 스바하」[삼편]

● 准提持誦便覽(준제지송편람)

준제공덕취 적정심상송
准提功德聚 寂靜心常誦

일체제대난 무능침시인
一切諸大難 無能侵是人

준제주는 공덕 크니 　　일념으로 염송하면
세상 어떤 어려움도 　　침해하지 못하리라

천상급인간　수복여불등
天上及人間　　受福如佛等

우차여의주　정획무등등
遇此如意珠　　定獲無等等

천신들과 사람들이 　　여래처럼 복 받으며
여의주를 만났으니 　　크나큰 법 얻으리라

나무 칠구지불모대준제보살 [삼편]
南無 七俱胝佛母大准提菩薩

정법계진언 (법계를 맑게 하는 진언)
淨法界眞言

「옴 람」 [3·7·108편]

호신진언 [몸을 보호하는 진언]
護身眞言

「옴 치림」 [3·7·108편]

관세음보살본심미묘육자대명왕진언
觀世音菩薩本心微妙六字大明王眞言

「옴 마니 반메 훔」 [3·7·108편]

준제진언 ('옴~스바하' 준제주만 천 편 이상 정근)
准提眞言

「나모 사다남 삼먁삼못다 구치남
다냐타 옴 자례 주례 준제 스바하·

부림」 [3·7·108·천 편 이상]

○ 准提發願(준제발원)

아금지송대준제
我今持誦大准提
준제주를 지송하며

즉발보리광대원
卽發菩提廣大願
보리대원 세우오니

원아정혜속원명
願我定慧速圓明
선정 지혜 원만하고

원아공덕개성취
願我功德皆成就
온갖 공덕 성취되며

원아승복변장엄
願我勝福遍莊嚴
수승한 복 장엄하고

원공중생성불도
願共衆生成佛道
깨달음을 이루리다.

여래십대발원문 (왕생정토 십대원)
如來十大發願文

원아영리삼악도
願我永離三惡道
삼악도를 벗어나며

원아속단탐진치
願我速斷貪瞋癡
탐진치를 속히 끊고

원아상문불법승
願我常聞佛法僧
불법승을 따르오며

원아근수계정혜
願我勤修戒定慧
계정혜를 항상 닦고

원아항수제불학
願我恒隨諸佛學
여래처럼 늘 배우며

원아불퇴보리심
願我不退菩提心
보리심을 잃지 않고

원아결정생안양 　　　　원아속견아미타
願我決定生安養 　　　　願我速見阿彌陀
극락세계 태어나서　　　아미타불 친견하고

원아분신변진찰 　　　　원아광도제중생
願我分身遍塵刹 　　　　願我廣度諸衆生
온 세계에 몸 나타내　　중생제도 원합니다.

발사홍서원 (네 가지 큰 서원을 발함)
發四弘誓願

중생무변서원도 　　　　번뇌무진서원단
衆生無邊誓願度 　　　　煩惱無盡誓願斷
중생을 다 건지오리다.　번뇌를 다 끊으오리다.

법문무량서원학 　　　　불도무상서원성
法門無量誓願學 　　　　佛道無上誓願成
법문을 다 배우오리다.　불도를 다 이루오리다.

자성중생서원도 　　　　자성번뇌서원단
自性衆生誓願度 　　　　自性煩惱誓願斷
자성 중생 건지오리다.　자성 번뇌 끊으오리다.

자성법문서원학 　　　　자성불도서원성
自性法門誓願學 　　　　自性佛道誓願成
자성 법문 배우오리다.　자성 불도 이루오리다.

발원이 귀명례삼보 [일배]
發願己 歸命禮三寶
이제 발원 마치옵고 삼보님께 절하옵니다.

[나모상주시방불·법·승은 다음 의례의 거불이라 생략하고 불공 거불로 대체한다.]

권공의
勸供儀

[이 진언권공은 학조 역 『진언권공』(1496)의식으로 봉안하여 모셔놓은 삼보님과 성현님께 평소의 일상 공양인 '사시마지' 의식이라고 할 수 있다. 퇴공 이후 경전 염송 법석과 정근 수행을 병행하고 이후에 축원을 할 수 있다.]

진언권공
眞言勸供

정법계진언 「옴 람」 [삼칠편]

진공진언 「옴 반쟈 스바하」 [삼편]

무량위덕자재광명승묘력변식진언

　「나막 살바 다타아다 바로기데
　　옴 삼바라 삼바라 훔」 [삼칠편]

출생공양진언 「옴」 [삼칠편]

정식진언 「옴 다갸 바아라 훔」 [삼칠편]

보공양진언

　「옴 아아나 삼바바 바아라 혹」 [삼편]

[향공양] **연향공양 불사자비 수차공양** [절]

[등공양] **연등공양 불사자비 수차공양** [절]

[화공양] 선화공양 불사자비 수차공양 [절]
[과공양] 선과공양 불사자비 수차공양 [절]
[다공양] 선다공양 불사자비 수차공양 [절]
[미공양] 향미공양 불사자비 수차공양 [절]

원차향공변법계 보공무진삼보해
자비수공증선근 영법주세보불은
「나막 살바 다타아데먁 미새봐목케먁
 살바타감 오능아데바라호만
 옴 아아나감 스바하」 [삼칠편]

정례 시방삼세 진허공계 일체제불
정례 시방삼세 진허공계 일체존법
정례 시방삼세 진허공계 일체승가

퇴공진언
「옴 살바 반자 스바하」 [삼편]

도량엄정
道場嚴淨

정구업진언 (말로 지은 행위를 깨끗이 하는 진언)
淨口業眞言

「수리 수리 마하수리 수수리 스바하」
[삼편]

오방내외안위제신진언
五方內外安慰諸神眞言
(관세음보살님을 청해 모시는 진언)

「나모 사만다 못다남
옴 도로도로 지미 스바하」 [삼편]

개법장진언 (진리의 곳집을 여는 진언)
開法藏眞言

무상심심미묘법 백천만겁난조우
無上甚深微妙法 百千萬劫難遭遇
아금견문득수지 원해여래진실의
我今見聞得受持 願解如來眞實義

높고 깊은 부처님 법 만나기 어렵지만
저는 이제 듣고 지녀 참된 의미 깨치리다.

「옴 아라남 아라다」 [삼편]

○ 千手呪請(천수주청: 관음보살님께 다라니를 청함)

천수천안 관자재보살
千手千眼 觀自在菩薩

광대원만무애대비심대다라니 계청
廣大圓滿無碍大悲心大陀羅尼 啓請

천수천안관음보살의 광대하고 원만하여
걸림 없는 대비심의 다라니를 청합니다.

계수관음대비주　　원력홍심상호신
稽首觀音大悲主　　願力洪深相好身
천비장엄보호지　　천안광명변관조
千臂莊嚴普護持　　千眼光明遍觀照
진실어중선밀어　　무위심내기비심
眞實語中宣密語　　無爲心內起悲心
속령만족제희구　　영사멸제제죄업
速令滿足諸希求　　永使滅除諸罪業

크신 원력 좋은 상호　　천손으로 보호하고
천안으로 살피시며　　법문 속에 밀어 펴고
무위심서 자비 내어　　저희 소원 이뤄주고
모든 죄업 없애주는　　관세음께 절하옵니다.

천룡중성동자호　　백천삼매돈훈수
天龍衆聖同慈護　　百千三昧頓熏修
수지신시광명당　　수지심시신통장
受持身是光明幢　　受持心是神通藏
세척진로원제해　　초증보리방편문
洗滌塵勞願濟海　　超證菩提方便門

아금칭송서귀의 (我今稱誦誓歸依) 소원종심실원만 (所願從心悉圓滿)

천룡중성 옹호하여   온갖 삼매 이뤄지며
지닌 몸은 빛이 나고   지닌 마음 자유롭네.
번뇌 씻고 고해 건너   보리방편 얻게 되며
송주하며 귀의하니   원하는 일 이루어지네.

나모대비관세음 (南無大悲觀世音) 원아속지일체법 (願我速知一切法)
나모대비관세음 (南無大悲觀世音) 원아조득지혜안 (願我早得智慧眼)

나모대비관세음   일체 법을 알려 하니
나모대비관세음   지혜 눈을 얻게 되고

나모대비관세음 (南無大悲觀世音) 원아속도일체중 (願我速度一切衆)
나모대비관세음 (南無大悲觀世音) 원아조득선방편 (願我早得善方便)

나모대비관세음   일체 중생 건져내는
나모대비관세음   좋은 방편 얻게 되며

나모대비관세음 (南無大悲觀世音) 원아속승반야선 (願我速乘般若船)
나모대비관세음 (南無大悲觀世音) 원아조득월고해 (願我早得越苦海)

나모대비관세음   지혜 배에 어서 올라
나모대비관세음   고통바다 건너가고

나모대비관세음 원아속득계정도
南無大悲觀世音 願我速得戒定道
나모대비관세음 원아조등원적산
南無大悲觀世音 願我早登圓寂山

나모대비관세음 계정혜를 속히 갖춰
나모대비관세음 열반 언덕 올라가며

나모대비관세음 원아속회무위사
南無大悲觀世音 願我速會無爲舍
나모대비관세음 원아조동법성신
南無大悲觀世音 願我早同法性身

나모대비관세음 무위의 집 함께 모여
나모대비관세음 진리의 몸 이루오리다.

아약향도산 도산자최절
我若向刀山 刀山自摧折
칼산지옥 내가 가면 칼산 절로 꺾여 지고

아약향화탕 화탕자소멸
我若向火湯 火湯自消滅
화탕지옥 내가 가면 화탕 절로 사라지며

아약향지옥 지옥자고갈
我若向地獄 地獄自枯竭
모든 지옥 내가 가면 지옥 절로 없어지고

아약향아귀 아귀자포만
我若向餓鬼 餓鬼自飽滿
아귀세계 내가 가면 아귀 절로 배부르며

아약향수라　악심자조복
我若向修羅　惡心自調伏
아수라계 내가 가면　악한 마음 무너지고

아약향축생　자득대지혜
我若向畜生　自得大智慧
축생세계 내가 가면　지혜 절로 얻어지리.

나모관세음보살마하살
南無觀世音菩薩摩訶薩
나모대세지보살마하살
南無大勢至菩薩摩訶薩
나모천수보살마하살
南無千手菩薩摩訶薩
나모여의륜보살마하살
南無如意輪菩薩摩訶薩
나모대륜보살마하살
南無大輪菩薩摩訶薩
나모관자재보살마하살
南無觀自在菩薩摩訶薩
나모정취보살마하살
南無正趣菩薩摩訶薩
나모만월보살마하살
南無滿月菩薩摩訶薩
나모수월보살마하살
南無水月菩薩摩訶薩
나모군다리보살마하살
南無軍茶利菩薩摩訶薩

나모십일면보살마하살
南無十一面菩薩摩訶薩
나모제대보살마하살
南無諸大菩薩摩訶薩
나모본사아미타불 [삼편]
南無本師阿彌陀佛

신묘장구대다라니
神妙章句大陀羅尼

나모 라다나 다라야야, 나막 알야 바로기데새바라야 모디사다바야, 마하사다바야 마하가로니가야, 옴, 살바 바예수 다라나 가라야, 다사명 나막 까리다바, 이맘 알야바로기데새바라 다바, 니라간타 나막 하리나야 마발다 이샤미, 살발타 사다남, 수반, 아예염, 살바 보다남 바바 말아 미수다감, 다냐타, 옴, 아로계, 아로가마디, 로가디가란데, 혜혜 하레, 마하 모디사다바, 사마라 사마라 하리나야, 구로 구로 갈마 사다야 사다야, 도로 도로 미연데 마하미연데, 다라 다라

다린나례새바라, 자라 자라 마라 미마라, 아마라 몰데, 예혜혜 로계새바라, 라아미사 미나사야, 나베사미사 미나사야, 모하자라미사 미나사야, 호로 호로 마라, 호로 하례, 바나마 나바, 사라 사라 시리 시리 소로 소로, 못댜 못댜 모다야 모다야, 매다리야 니라간타, 가마사 날사남 바라 하라나야 마낙 스바하, 싯다야 스바하, 마하싯다야 스바하, 싯다유예새 바라야 스바하, 니라간타야 스바하, 바라하목카 싱하목카야 스바하, 바나마 하따야 스바하, 자가라욕다야 스바하, 상카 섭나 네모다나야 스바하, 마하 라구타 다라야 스바하, 바마 사간타 니샤 시체다 가릿나 이나야 스바하, 먀가라 잘마 니바사나야 스바하, 나모 라다나 다라야야, 나막 알야 바로기데새바라야 스바하[3편]

[삼 편 염송할 때 법사는 감로수로 변한 정수를 버드나무 가지에 묻혀 공양단과 대중과 마당에 뿌려 엄정한다.]

○ 四方讚(사방찬: 가지주수한 물을 사방에 뿌린 후 하는 게송)

일쇄동방결도량 이쇄남방득청량
一灑東方潔道場 二灑南方得淸凉
삼쇄서방구정토 사쇄북방영안강
三灑西方俱淨土 四灑北方永安康

○ 道場讚(도량찬: 도량이 청정해졌음을 찬탄하는 게송)

도량청정무하예 삼보천룡강차지
道場淸淨無瑕穢 三寶天龍降此地
아금지송묘진언 원사자비밀가호
我今持誦妙眞言 願賜慈悲密加護

○ 懺悔偈(참회게: 죄업을 뉘우치는 게송)

아석소조제악업 개유무시탐진치
我昔所造諸惡業 皆由無始貪瞋癡
종신구의지소생 일체아금개참회
從身口意之所生 一切我今皆懺悔

옴 살바 못자 모지 사다야 스바하

[삼편]

● 擧佛

[각단 권공의 거불 편으로 넘어간다.]

[각 재일에는 도량엄정을 한 다음 각전 권공의식 봉행]

불전권공의
佛殿勸供儀

擧佛
거불

南無淸淨法身毘盧遮那佛
나무청정법신비로자나불

南無圓滿報身盧舍那佛
나무원만보신노사나불

南無千百億化身釋迦牟尼佛
나무천백억화신석가모니불

由致 [삼보 찬탄과 공양 올리는 연유를 밝힘]
유치

仰唯 三寶大聖者 從-眞淨界 興-大
앙유 삼보대성자 종 진정계 흥 대

悲雲 非身現身 布-身雲於三千世界
비운 비신현신 포 신운어삼천세계

無法說法 灑-法雨於八萬塵勞 開-
무법설법 쇄 법우어팔만진로 개

種種方便之門 導-茫茫沙界之衆 有
종종방편지문 도 망망사계지중 유

求皆遂 如-空谷之傳聲 無願不從
구개수 여 공곡지전성 무원부종

若-澄潭之印月
약 징담지인월

앙유(仰惟, 우러러 생각하오니) 삼보자존은 진여의 청정법계에서 자비의 구름으로 피어나 몸 아니시건만 구름처럼 삼천대천세계를 덮으시고, 설할 법이 없건만 법의 비로 팔만사천 번뇌를 씻으시며, 갖가지 방편 문을 열어 끝없는 고해 중생을 이끌어주시니, 빈 골짜기의 메아리처럼 구하는 것 모두 언게 하시고, 맑은 연못의 달그림자처럼 원하는 것 모두 이뤄 주십니다.

是以 娑婆世界 此四天下 南贍部洲
시이 사바세계 차사천하 남섬부주
東洋 大韓民國 某處居住 某人保體
동양 대한민국 모처거주 모인보체
某道 某郡 某山 某寺 淸淨之道場
모도 모군 모산 모사 청정지도량
以此因緣功德 ○○○之願
이차인연공덕 지원

그러하기에 사바세계 남섬부주 대한민국 ○○처 거주 ○○인 등이 ○○처 청정도량에서 이 공덕으로 ○○원(축원할 제목)을 이루고자,

以今月今日 虔設法筵 淨饌供養 帝
이금월금일 건설법연 정찬공양 제
網重重 無盡三寶慈尊 薰懃作法 仰
망중중 무진삼보자존 훈근작법 앙
祈 妙援者
기 묘원자

금월 금일 삼가 법연을 열어 조촐한 공양구를 다함없는 삼보자존께 공양하오니, 정성으로 법요를 거행하며 신기한 가피를 바라는

右伏以 蓺名香以禮敬 呈玉粒而修齋 財體雖微 虔誠可愍 冀回慈鑑 曲照微誠 謹秉一心 告白禮供
우 복 이   설 명 향 이 예 경   정 옥 립 이 수 재   재 체 수 미   건 성 가 민   기 회 자 감   곡 조 미 성   근 병 일 심   고 백 예 공

저희들은 명향을 사르고 예경하오며, 백옥 같은 흰쌀을 올려 재를 차렸사온데 공양물은 미미하오나 정성은 간절하오니 자비 거울 돌리시어 작은 정성을 굽어 비춰 주시기를 삼가 일심으로 예로 공양 올리게 되었음을 아뢰옵니다.

一心禮敬 以大慈悲 而爲體故 救護衆生 以爲資粮 於諸病苦 爲作良醫 於失道者 示其正路 於闇夜中 爲作光明 於貧窮者 令得伏藏 平等饒益 一切衆生 淸淨法身 毘盧遮那佛 圓滿報身 盧舍那佛 千百億化身 釋迦
일 심 예 경   이 대 자 비   이 위 체 고   구 호 중 생   이 위 자 량   어 제 병 고   위 작 양 의   어 실 도 자   시 기 정 로   어 암 야 중   위 작 광 명   어 빈 궁 자   영 득 복 장   평 등 요 익   일 체 중 생   청 정 법 신   비 로 자 나 불   원 만 보 신   노 사 나 불   천 백 억 화 신   석 가

牟尼佛 西方敎主 阿彌陀佛 堂來敎
모니불 서방교주 아미타불 당래교
主 彌勒尊佛 十方常住 眞如佛寶 無
주 미륵존불 시방상주 진여불보 무
量無邊 一一周遍 一一塵刹 唯願慈
량무변 일일주변 일일진찰 유원자
悲 憐愍有情 不捨慈悲 受此供養
비 연민유정 불사자비 수차공양

일심으로 예경하옵니다. 대자비로 본체를 삼고 중생을 구호하심을 자산과 양식으로 삼으며, 병들어 앓는 이에겐 좋은 의사가 되옵시고, 길 잃은 자에게는 바른 길을 일러주시고, 어둠 속을 헤매는 자에겐 빛이 되시고, 가난한 자에겐 보배 창고 얻게 하며 모든 중생 두루 넉넉하게 하옵시는 청정 법신 비로자나 부처님, 원만보신 노사나부처님, 천백억 화신 석가모니 부처님과 서방교주 아미타 부처님, 장차 오실 용화교주 미륵 부처님 등 시방세계 항상 계신 진여 그대로의 불보님, 한량없고 끝없으며 낱낱의 티끌세계에 두루 하는 불보시여, '자비로써' 중생을 어여삐 여기사 자비를 버리지 마옵시고 저희 공양을 받으소서.

歌詠
가영

佛身普遍十方中 三世如來一體同
불신보편십방중 삼세여래일체동
廣大願雲恒不盡 旺洋覺海妙難窮
광대원운항부진 왕양각해묘난궁

부처님 몸 시방세계 두루 계시니

삼세 여래 모두 다 한 몸이시네.
크신 서원 언제나 다함이 없고
아득한 깨달음 미묘하여 알 수 없어라.

故我一心歸命頂禮
고 아 일 심 귀 명 정 례

一心禮敬 一乘圓敎 大華嚴經 大乘
일 심 예 경 일 승 원 교 대 화 엄 경 대 승

實敎 妙法華經 三處傳心 格外禪詮
실 교 묘 법 화 경 삼 처 전 심 격 외 선 전

十方常住 甚深法寶 無量無邊 一一
시 방 상 주 심 심 법 보 무 량 무 변 일 일

周遍 一一塵刹 唯願慈悲 憐愍有情
주 변 일 일 진 찰 유 원 자 비 연 민 유 정

不捨慈悲 受此供養
불 사 자 비 수 차 공 양

일심으로 예경하옵니다. 일승법의 원만한 교법인 대화엄경·대승의 참 가르침인 묘법연화경, 세 곳에서 전하신 마음도리·언어문자 여읜 선법 등 시방에 항상 계신 매우 깊은 법보, 한량없고 끝없으며 낱낱의 티끌세계에 두루 하는 법보시여, '자비로써' 중생을 어여삐 여기사 자비를 버리지 마시고 저희 공양 받으소서.

歌詠
가 영

敎能詮理理中玄 依理修行果自然
교 능 전 리 리 중 현 의 리 수 행 과 자 연

寶偈人間方十萬 金文海內廣三千[*]
보게인간방십만 금문해내광삼천

가르침은 온전하여 이치 속엔 현묘함이 있어
이치대로 수행하면 저절로 이루어지리.
보배 게송 인간 세계 십만이나 되고
부처님의 말씀은 삼천세계에 가득하네.

故我一心歸命頂禮
고아일심귀명정례

一心禮敬 大智文殊菩薩 大行普賢菩薩 大悲觀世音菩薩 大願地藏菩薩 傳佛心燈 迦葉尊者 流通敎海 阿難尊者 十方常住 淸淨僧寶 無量無邊 一一周遍 一一塵刹 唯願慈悲 憐愍有情 不捨慈悲 受此供養
일심예경 대지문수보살 대행보현보살 대비관세음보살 대원지장보살 전불심등 가섭존자 유통교해 아난존자 시방상주 청정승보 무량무변 일일주변 일일진찰 유원자비 연민유정 불사자비 수차공양

일심으로 예경하옵니다. 대지 문수보살, 대행 보현보살, 대비 관세음보살, 대원 지장보살님, 부처님의 마음등불 전해 받은 가섭존자·교법 바다를 유통시킨 아난존자 등 시방에 항상 계신 청정 승보님, 이와 같은 한량없고 끝없으

---

[*] 『산보범음집』 經卷塵中須具眼 擧頭龍藏滿三千

며 낱낱의 티끌세계에 두루 하는 승보시여, '자비로써' 중생을 어여삐 여기사 자비를 버리지 마옵시고 저희 공양 받으소서.

歌詠 가영

圓頂方袍繼佛燈 傳衣說法利群生
원정방포계불등 부의설법이군생

歸依不得生分別 休擇凡僧與聖僧
귀의부득생분별 휴택범승여성승

둥근 머리 장삼 입고 부처님의 등불 잇고,
의발 전하고 법을 설해 중생을 유익케 하네.
귀의하되 분별하는 마음을 일으키지 않으면,
범승과 성인을 가리는 마음을 쉬게 되리라.

故我一心 歸命頂禮
고아일심 귀명정례

精勤 정근

南無 靈山不滅 鶴樹常存 是我本師
나모 영산불멸 학수상존 시아본사

釋迦牟尼佛
석가모니불

釋迦牟尼佛 [상황 따라]
석가모니불

欲建曼拏羅先誦 淨法界眞言
욕 건 만 나 라 선 송   정 법 계 진 언

「옴 람」 [삼칠편]

供養偈 [공양 올리는 게송]
공 양 게

我今諷誦秘密呪 流出無邊廣大供
아 금 풍 송 비 밀 주   유 출 무 변 광 대 공

普供無盡三寶海 願垂慈悲哀納受
보 공 무 진 삼 보 해   원 수 자 비 애 납 수

제가 이제 비밀다라니 염송하니,
무변하고 광대한 공양이 유출됩니다.
다함없는 삼보님께 널리 공양 올리니,
자비로써 중생을 어여삐 여겨 받으옵소서.

眞言變供 (진언으로 공양의 변화를 청함)
진 언 변 공

> ※ 법주는 요령을 한 번 갈아놓고 "향기로운~ 내리소서."까지 요령 없이 창하고 "나모시방불"할 때부터 요령을 계속 흔들면서 진행한다. 이때는 조금 빠르게 한다. 바라지는 공양게 "원수애납수: 자비로써 받으옵소서."에서 엎드려 있다가 "나모시방승" 3편 할 때 예공을 시작한다.

향기로운 음식들은
재자들의 간절한 정성입니다.

공양이 두루 원만하게 이뤄지려면
가지변화에 의지해야 하오니
삼보님, 특별히 가지를 내리소서.

나모시방불 나모시방법 나모시방승

無量威德自在光明勝妙力變食眞言
무 량 위 덕 자 재 광 명 승 묘 력 변 식 진 언

(부처님의 가지로써 공양한 음식을 질적·양적으로 변화시키는 진언)

「나막 살바 다타아다 바로기데
 옴 삼바라 삼바라 훔」

施甘露水眞言 (감로수가 흘러나오는 진언)
시 감 로 수 진 언

「나모 소로바야 다타아다야 다냐타
 옴 소로소로 바라소로 바라소로
 스바하」

上來 加持旣畢 供養將陳
상 래 가 지 기 필 공 양 장 진

願此香爲解脫知見 願此燈爲般若智光
원 차 향 위 해 탈 지 견 원 차 등 위 반 야 지 광

 이 향이 해탈 지견의 향이 되게 하소서.
 이 등이 반야 지혜의 빛이 되게 하소서.

願此水爲甘露醍醐 願此食爲法喜禪悅
원차수위감로제호 원차식위법희선열

이 청수는 감로제호가 되게 하소서.

이 음식은 법회선열이 되게 하소서

乃至 幡花互列 茶果交陳
내지 번화호열 다과교진

번과 꽃을 차렸거나 진설하였을 때는

卽世諦之莊嚴 成妙法之供養 [저두]
즉세제지장엄 성묘법지공양

번화는 세상의 진리로 장엄되게 하소서.

다과는 묘법의 공양이 되게 하소서.

慈悲所積 定慧所熏
자비소적 정혜소훈

以此香羞 特伸拜獻* [공양]
이차향수 특신배헌

자비가 쌓여지고 정혜가 덮힌

이와 같은 향긋한 공양물을 펴오며 절하옵니다.

[香供養] **燃香供養 不捨慈悲 受此供養**
향공양 연향공양 불사자비 수차공양

[향공양] 향을 사라 공양하오니 자비를 버리지 마시고

이 공양을 받으소서. [저두]

[燈供養] **燃燈供養 不捨慈悲 受此供養**
등공양 연등공양 불사자비 수차공양

---

* 이하에서 육법공양을 할 때는 '배헌'을 '공양'이라고 하며 육법공양을 할 수도 있다.

[등공양] 등을 밝혀 공양하오니 자비를 버리지 마시고
이 공양을 받으소서. [저두]

[茶供養] **仙茶供養 不捨慈悲 受此供養**
　다공양　　선 다 공 양　　불 사 자 비　　수 차 공 양

[다공양] 신선계의 차로 공양하오니 자비를 버리지
마시고 이 공양을 받으소서. [저두]

[果供養] **仙果供養 不捨慈悲 受此供養**
　과공양　　선 과 공 양　　불 사 자 비　　수 차 공 양

[과공양] 신선계의 차로 공양하오니 자비를 버리지
마시고 이 공양을 받으소서. [저두]

[花供養] **香花供養 不捨慈悲 受此供養**
　화공양　　향 화 공 양　　불 사 자 비　　수 차 공 양

[화공양] 향화로 공양하오니 자비를 버리지 마시고
이 공양을 받으소서. [저두]

[米供養] **香米供養 不捨慈悲 受此供養**
　미공양　　향 미 공 양　　불 사 자 비　　수 차 공 양

[미공양] 향미로 공양하오니 자비를 버리지 마시고
이 공양을 받으소서. [저두]

加持供養
　가 지 공 양

以此加持妙供具 供養十方諸佛陀 [절]
이 차 가 지 묘 공 구　공 양 시 방 제 불 타

이 가지한 오묘한 공양구로 시방의 여러 붓다님께
공양합니다.

以此加持妙供具 供養十方諸達摩 [절]
이 차 가 지 묘 공 구　공 양 시 방 제 달 마

이 가지한 오묘한 공양구로 시방의 여러 달마님께
공양합니다.

以此加持妙供具 供養十方諸僧伽 [절]
이 차 가 지 묘 공 구　공 양 시 방 제 승 가

이 가지한 오묘한 공양구로 시방의 여러 승가님께
공양합니다.

不捨慈悲受此供 施作佛事度衆生
불 사 자 비 수 차 공　시 작 불 사 도 중 생

[저두]

자비를 버리지 마시고 이 공양을 받으시고
불사를 펴시고 중생을 건지소서.

普供養眞言
보 공 양 진 언

「옴 아아나 삼바바 바아라 훅」

普回向眞言
보 회 향 진 언

「옴 사마라 사마라 미마나 사라마하
자가라바 훔」

[이하 축원 앞까지 법사는 대중을 향하여 진행]

發四弘誓願
발사홍서원

衆生無邊誓願度 煩惱無盡誓願斷
중생무변서원도　번뇌무진서원단

法門無量誓願學 佛道無上誓願成
법문무량서원학　불도무상서원성

중생이 가없지만 건지기를 서원합니다.
번뇌가 다함없지만 끊기를 서원합니다.
법문이 한량없지만 배우기를 서원합니다.
불도가 위없지만 이루기를 서원합니다.

願成就眞言
원성취진언

「옴 아모가 살바다라 사다야
시베 훔」 [삼편]

五戒誓願 오계를 서원합시다
오계서원

第一條淨戒 不殺生
제일조정계　불살생

제1조 부처님께서는 살생을 하지 말라고 경계하셨습니다.

第二條淨戒 不偸盜
제이조정계　불투도

제2조 부처님께서는 훔치지 말라고 경계하셨습니다.

第三條淨戒 不邪婬
제삼조정계　불사음

제3조 부처님께서는 사음을 하지 말라고 경계하셨습니다.

第四條淨戒 不妄語
제 사 조 정 계　불 망 어

제4조 부처님께서는 거짓말을 하지 말라고 경계하셨습니다.

第五條淨戒 不飮酒 [食肉]
제 오 조 정 계　불 음 주　　식 육

제5조 부처님께서는 술을 먹지 말라고 경계하셨습니다.

修成六度
수 성 육 도

一者 布施波羅蜜多
일 자　보 시 바 라 밀 다

첫째 보시바라밀을 닦겠습니다.

二者 持戒波羅蜜多
이 자　지 계 바 라 밀 다

둘째 지계바라밀을 닦겠습니다.

三者 忍辱波羅蜜多
삼 자　인 욕 바 라 밀 다

셋째 인욕바라밀을 닦겠습니다.

四者 精進波羅蜜多
사 자　정 진 바 라 밀 다

넷째 정진바라밀을 닦겠습니다.

五者 禪定波羅蜜多
오 자　선 정 바 라 밀 다

다섯째 선정바라밀을 닦겠습니다.

六者 智慧波羅蜜多
육 자　지 혜 바 라 밀 다

여섯째 지혜바라밀을 닦겠습니다.

[금강경, 지장경, 법화경, 사대주 등 선택하여 독송]

● 四大呪(사대주: 법공양)

나모대불정여래밀인수증요의
南無大佛頂如來密因修證了義
제보살만행수능엄신주
諸菩薩萬行首楞嚴神呪
다냐타 옴 아나례 비사제 비라 바아
라 다리반다 반다니 바아라 바니반
호훔 다로옹박 스바하

정본 관자재보살 여의륜주
正本 觀自在菩薩 如意輪呪
나모못다야 나모달마야 나모승가야
나모 아리야 바로기뎨 사라야 모디
사다야 마하사다야 사가라 마하가로
니가야 하리다야 만다라 다냐타 가
가나 바라지진다 마니 마하무다례
루로루로 지따 하리다예 비사예 옴
부다나 부다니 야등

불정심 관세음보살 모다라니
佛頂心 觀世音菩薩 姥陀羅尼

나모 라다나 다라야야 나막 아리야 바로기데 새바라야 모디사다바야 마하사다바야 마하가로니가야 다냐타 아바다아바다 바리바데 인혜혜 다냐타 살바 다라니 만다라야 인혜혜 바라마수다 못다야 옴 살바 작 수가야 다라니 인디리야 다냐타 바로기데 새바라야 살바 도따 오하야미 스바하

佛說消災吉祥陀羅尼
불설소재길상다라니

나모 사만다 못다남 아바라디 하다샤 사나남 다냐타 옴 카카 카혜 카혜 훔훔 아바라 아바라 바라아바라 바라아바라 디따 디따 띠리띠리 빠다빠다 션디가 새리예 스바하

補闕眞言
보 궐 진 언

옴 호로호로 사야모케 스바하 [삼편]

[정근]

[祝願]

앙고(仰告, 우러러 아룁니다.) 시방삼세제망중중 다함없는 삼보시여, 자비를 버리지 마시고 지혜 광명을 드리워 주옵소서.

지금까지 닦은 바다 같은 공덕을 중생들과 우리의 깨달음과 실제에로 회향하오니 모두 원만히 이뤄 지이다.

대한민국의 국운이 융창하고, 민족이 단합하며, 국위가 선양되고, 남북이 통일되며, 세계가 평화롭고, 만민이 모두 즐겁고, 부처님 광명이 날로 빛나며, 법륜이 항상 구르기를 바랍니다.

사바세계 남섬부주 대한민국 ○○처

청정수월도량에서 금일 지극한 정성으로 공양하며 발원하는 재자는 대한민국 ○○처 거주 ○○인입니다. 오늘 모인 대중인 청신사 청신녀 동남동녀 백의단월 각각 등이 이 인연공덕으로 제불보살님께서 보살피시는 오묘한 가피력을 받아서, 일체의 재앙과 마음의 장애가 영원히 사라지고, 가정이 모두 화목하여 편안한 삶을 살고, 재수는 대통하여 사업이 번창하고, 자손은 창성하고 병 없이 오래 살며, 온갖 일이 형통하여 어려운 일 사라지고, 마음속에 구하던 것 뜻과 같이 원만하게 성취하며, 매일매일 여러 가지 상서로운 경사 있고, 어느 때나 일체재앙 없어지고, 수명은 태산같이 길어지고, 복덕은 바다처럼 넓어지기를 널리 살펴 주옵소서.

동참 재자 모두 부처님 집안에서 신심이 견고하여 영원히 물러나지 아니하고 아뇩다라삼먁삼보디심을 발하게 하소서.

동참 재자들의 먼저 돌아가신 각 부모님들을 비롯한 모든 영가들이 이 인연공덕으로 극락세계 왕생하여 상품상생 하게 하소서.

그런 뒤에, 갠지스강 모래수와 같이 많은 법계의 한량없는 불자들이, 꽃으로 장엄된 화장세계에 노닐며 깨달음의 도량에 들어가, 항상 화엄세계의 불보살님들을 만나 뵙고, 모든 부처님의 크신 광명을 입어, 무량한 죄업 소멸되고 한량없는 큰 지혜를 얻어, 위없는 바른 깨달음을 단박에 이루어, 널리 법계의 모든 중생을 제도하여, 부처님의 크신 은혜 갚기 원하

오며, 세상에 날 때마다 보살도를 행하여
마침내 일체지를 원만히 이루어 지이다.

마하반야바라밀

나모석가모니불

나모시아본사석가모니불

退供眞言 [퇴공 할 때]
퇴 공 진 언

「옴 살바 반좌 스바하」 [3편]

신중단권공
神衆壇勸供

獻香眞言
헌향진언

「옴 바아라 도비야 훔」 [삼편]

茶藥偈 [별도로 헌공 시]
다약게

清淨名茶藥　能除病昏沈
청정명다약　능제병혼침
唯冀擁護衆　願垂哀納受 [삼편]
유기옹호중　원수애납수

맑고 깨끗한 차와 약은 병과 혼침 없애리니
옹호 성중이여, 자비로써 받으소서.

供養偈 [퇴공 마지 진공 시]
공양게

以此清淨香雲供　奉獻擁護聖衆前
이차청정향운공　봉헌옹호성중전
鑑此齋者虔懇心　願垂慈悲哀納受
감차재자건간심　원수자비애납수

청정하고 향긋한 공양을 옹호 성중님께 올리오니
재자의 정성을 살피시어 자비로써 받아 주옵소서.

[華嚴聖衆] 104위 성중인 경우 신중예경 참조 공양 가능]

至心頂禮供養 盡法界 虛空界
지심정례공양 진법계 허공계

華嚴會上 欲色諸天衆
화엄회상 욕색제천중

至心頂禮供養 盡法界 虛空界
지심정례공양 진법계 허공계

華嚴會上 八部四王衆
화엄회상 팔부사왕중

至心頂禮供養 盡法界 虛空界
지심정례공양 진법계 허공계

華嚴會上 護法善神衆
화엄회상 호법선신중

願諸天龍八部衆 爲我擁護不離身
원제천룡팔부중 위아옹호불리신
於諸難處無諸難 齋者所願能成就
어제난처무제난 재자소원능성취

천룡팔부 신중님,
제 곁을 떠나지 마옵시고 지켜 주시고,
어려움 처하더라도 어려움 없게 하시어,
재자의 소원을 이루게 하오소서.

[祝願 云云]

摩訶般若波羅蜜多心經
마 하 반 야 바 라 밀 다 심 경

觀自在菩薩　行深般若波羅蜜多時
관 자 재 보 살　행 심 반 야 바 라 밀 다 시

照見五蘊皆空　度一切苦厄　舍利子
조 견 오 온 개 공　도 일 체 고 액　사 리 자

色不異空　空不異色　色卽是空　空卽
색 불 이 공　공 불 이 색　색 즉 시 공　공 즉

是色　受想行識　亦復如是　舍利子　是
시 색　수 상 행 식　역 부 여 시　사 리 자　시

諸法空相　不生不滅　不垢不淨　不增
제 법 공 상　불 생 불 멸　불 구 부 정　부 증

不減　是故　空中無色　無受想行識　無
불 감　시 고　공 중 무 색　무 수 상 행 식　무

眼耳鼻舌身意　無色聲香味觸法　無
안 이 비 설 신 의　무 색 성 향 미 촉 법　무

眼界　乃至　無意識界　無無明　亦無無
안 계　내 지　무 의 식 계　무 무 명　역 무 무

明盡　乃至　無老死　亦無老死盡　無苦
명 진　내 지　무 노 사　역 무 노 사 진　무 고

集滅道　無智　亦無得　以無所得故　菩
집 멸 도　무 지　역 무 득　이 무 소 득 고　보

提薩埵　依般若波羅蜜多故　心無罣
리 살 타　의 반 야 바 라 밀 다 고　심 무 가

碍　無罣碍故　無有恐怖　遠離顚倒夢
애　무 가 애 고　무 유 공 포　원 리 전 도 몽

想 究竟涅槃 三世諸佛 依般若波羅
상 구경열반 삼세제불 의반야바라

蜜多故 得阿耨多羅三藐三菩提 故
밀다고 득아뇩다라삼먁삼보리 고

知 般若波羅蜜多 是大神呪 是大明
지 반야바라밀다 시대신주 시대명

呪 是無上呪 是無等等呪 能除一切
주 시무상주 시무등등주 능제일체

苦 眞實不虛 故說般若波羅蜜多呪
고 진실불허 고설반야바라밀다주

卽說呪曰
즉설주왈

아데아데 바라아데 바라싱아데 모디
스바하

극락전권공
極樂殿勸供

擧佛
거불

南無 極樂導師 阿彌陀佛
나무 극락도사 아미타불

南無 觀音勢至 兩大菩薩
나무 관음세지 양대보살

南無 一切淸淨 大海衆菩薩
나무 일체청정 대해중보살

精勤
정근

南無 西方大敎主 無量壽如來佛
나무 서방대교주 무량수여래불

南無阿彌陀佛 [상황 따라]
나무아미타불

無量威德自在光明勝妙力變食眞言
무량위덕자재광명승묘력변식진언

(부처님의 가지로써 공양한 음식을 질적·양적으로 변화시키는 진언)

「나막 살바 다타아다 바로기데
　옴 삼바라 삼바라 훔」

施甘露水眞言 (감로수가 흘러나오는 진언)
시 감 로 수 진 언

「나모 소로바야 다타아다야 다냐타
옴 소로소로 바라소로 바라소로
스바하」

上來 加持已訖 供養將陳
상 래　가 지 이 흘　공 양 장 진

[香供養] **燃香供養 不捨慈悲 受此供養**
향공양　　연 향 공 양　불 사 자 비　수 차 공 양

[향공양] 향을 사라 공양하오니 자비를 버리지 마시고
이 공양을 받으소서. [저두]

[燈供養] **燃燈供養 不捨慈悲 受此供養**
등공양　　연 등 공 양　불 사 자 비　수 차 공 양

[등공양] 등을 밝혀 공양하오니 자비를 버리지 마시고
이 공양을 받으소서. [저두]

[茶供養] **仙茶供養 不捨慈悲 受此供養**
다공양　　선 다 공 양　불 사 자 비　수 차 공 양

[다공양] 신선계의 차로 공양하오니 자비를 버리지
마시고 이 공양을 받으소서. [저두]

[果供養] **仙果供養 不捨慈悲 受此供養**
과공양　　선 과 공 양　불 사 자 비　수 차 공 양

[과공양] 신선계의 차로 공양하오니 자비를 버리지
마시고 이 공양을 받으소서. [저두]

[花供養] **香花供養 不捨慈悲 受此供養**
화공양   향 화 공 양 불 사 자 비 수 차 공 양

[화공양] 향화로 공양하오니 자비를 버리지 마시고
이 공양을 받으소서. [저두]

[米供養] **香米供養 不捨慈悲 受此供養**
미공양   향 미 공 양 불 사 자 비 수 차 공 양

[미공양] 향미로 공양하오니 자비를 버리지 마시고
이 공양을 받으소서. [저두]

加持供養
가 지 공 양

以此加持妙供具 供養 極樂導師
이 차 가 지 묘 공 구 공 양 극 락 도 사

阿彌陀佛 [절]
아 미 타 불

이 가지한 오묘한 공양구로 극락도사
아미타 부처님께 공양합니다.

以此加持妙供具 供養 觀音勢至
이 차 가 지 묘 공 구 공 양 관 음 세 지

兩大菩薩 [절]
양 대 보 살

이 가지한 오묘한 공양구로 관음 세지
양대 보살님께 공양합니다.

以此加持妙供具 供養 一切淸淨
이 차 가 지 묘 공 구 공 양 일 체 청 정

大海衆菩薩
대 해 중 보 살

이 가지한 오묘한 공양구로 일체 청정대해의 여러 보살님들께 공양합니다.

不捨慈悲受此供 施作佛事度衆生
_{불 사 자 비 수 차 공   시 작 불 사 도 중 생}

[저두]

자비를 버리지 마시고 이 공양을 받으시고 불사를 펴시고 중생을 건지소서.

普供養眞言
_{보 공 양 진 언}

「옴 아아나 삼바바 바아라 훅」

普回向眞言
_{보 회 향 진 언}

「옴 사마라 사마라 미마나 사라마하 자가라바 훔」

[이하 불전과 동일하게 진행. 아미타경, 왕생주 염송]

補闕眞言
_{보 궐 진 언}

「옴 호로호로 사야모케 스바하」[삼편]

[祝願]

연지대사 극락왕생발원문

극락세계에 계시면서 중생을 이끌어 주시는 아미타불께 귀의하옵고, 그 세계에 가서 나기를 발원하옵나니, 자비하신 원력으로 굽어 살펴 주시옵소서.

저희들이 네 가지 은혜 끼친 이와 삼계 중생들을 위하여 부처님의 위없는 도를 이룩하려는 정성으로 아미타불의 거룩하신 명호를 일컬으며 극락세계에 가서 나기를 원하나이다. 업장은 두텁고 복과 지혜 엷사와 더러운 마음 물들기 쉽고 깨끗한 공덕 이루기 어렵기에 이제 부처님 앞에서 지극한 정성으로 예배하고 참회하나이다.

저희들이 끝없는 옛적부터 오늘에 이

르도록 몸과 입으로 또 마음으로 한량없이 지은 죄와 한량없이 맺은 원수, 모두 녹여 버리옵고 오늘부터 서원을 세워 나쁜 짓 멀리하여 다시 짓지 아니하고 보살도 항상 닦아 물러나지 아니하여 정각을 이루어서 중생을 제도하려 하옵나니 아미타 부처님이시여, 대자대비하신 원력으로 저희들을 증명하시며 저희들을 어여삐 여기시며 저를 가피하시와 삼매에서나 꿈속에서나 아미타불의 거룩하신 상호를 뵈옵고 아미타불의 장엄하신 국토에 다니면서 아미타불의 감로로 뿌려주시고 광명으로 비춰주시고 손으로 만져주시고 옷으로 덮어주심을 입어 업장은 소멸되고 선근은 자라나고 번뇌는 없어지고 무명은 깨어져서 원각의 묘한 마음

뚜렷하게 열리옵고 상적광토가 항상 앞에 나타나지이다.

또 이 목숨 마치올 제 갈 시간 미리 알아 여러 가지 병고액난, 이 몸에 없어지고 탐진치 온갖 번뇌 마음에 씻은 듯이 육근이 화락하고 한 생각 분명하여 이 몸을 버리기 젼에 들 듯하면 그때에 아미타불께서 관음·세지 두 보살과 모든 성중 데리시고 광명 놓아 맞으시며 손 들어 이끌어 높고 넓은 누각들과 아름다운 깃발들과 맑은 향기, 고운 풍류, 거룩한 극락세계 눈앞에 분명커든 보는 이, 듣는 이들 기쁘고 감격하여 위없이 깨친 마음 다 같이 낼 때 이내 몸 고이고이 금강대에 올라 앉아 부처님 뒤를 따라 극락정토 나아가서 칠보로 된 연못 속에 상품상생 하온 뒤에 불·보살 뵈옵거든 미묘한 법문 듣고 무생법인 깨치오며 부처님 섬기옵고 수기를 친히 받아 삼신·사지와 오안·육통과 백 천 다라니와 온갖 공덕을 원만하게 이루어지이다.

그러한 후 극락세계를 떠나지 아니하고 사바세계에 다시 돌아와 한량없는 분신으로 시방국토 다니면서 여러 가지 신통력과 갖가지 방편으로 무량중생 제도하여 탐진치 삼독 여의옵고 깨끗한 참맘으로 극락세계에 함께 가서 물러나지 않는 자리에 오르게 하려 하오니 세계가 끝이 없고 중생이 끝이 없고 번뇌 업장이 모두 끝이 없사올제 이내 서원도 끝이 없나이다.

저희들이 지금 예배하고 발원하여 닦

아 지닌 공덕을 온갖 중생에게 베풀어주어 네 가지 은혜 골고루 갚사옵고 삼계 유정들 모두 제도하여 다 같이 일체 종지를 이루어지이다.

약사전권공
藥師殿勸供

擧佛
거불

南無 藥師琉璃光如來佛
나모 약사유리광여래불

南無 日光遍照消災菩薩
나모 일광변조소재보살

南無 月光遍照息災菩薩
나모 월광변조식재보살

精勤
정근

南無 東方滿月世界 十二大願
나모 동방만월세계 십이대원

藥師琉璃光如來佛
약사유리광여래불

藥師如來佛 [상황 따라]
약사여래불

無量威德自在光明勝妙力變食眞言
무량위덕자재광명승묘력변식진언
(부처님의 가지로써 공양한 음식을 질적·양적으로 변화시키는 진언)

「나막 살바 다타아다 바로기데

「옴 삼바라 삼바라 훔」

施甘露水眞言 (감로수가 흘러나오는 진언)
시 감 로 수 진 언
「나모 소로바야 다타아다야 다냐타
옴 소로소로 바라소로 바라소로
스바하」

上來 加持旣畢 供養將陳
상래 가지기필 공양장진

[香供養] 燃香供養 不捨慈悲 受此供養
향공양   연 향 공 양 불 사 자 비 수 차 공 양

[향공양] 향을 사라 공양하오니 자비를 버리지 마시고
이 공양을 받으소서. [저두]

[燈供養] 燃燈供養 不捨慈悲 受此供養
등공양   연 등 공 양 불 사 자 비 수 차 공 양

[등공양] 등을 밝혀 공양하오니 자비를 버리지 마시고
이 공양을 받으소서. [저두]

[茶供養] 仙茶供養 不捨慈悲 受此供養
다공양   선 다 공 양 불 사 자 비 수 차 공 양

[다공양] 신선계의 차로 공양하오니 자비를 버리지
마시고 이 공양을 받으소서. [저두]

[果供養] 仙果供養 不捨慈悲 受此供養
과공양   선 과 공 양 불 사 자 비 수 차 공 양

[과공양] 신선계의 차로 공양하오니 자비를 버리지

마시고 이 공양을 받으소서. [저두]

[花供養] **香花供養 不捨慈悲 受此供養**
화공양　　향 화 공 양　불 사 자 비　수 차 공 양

[화공양] 향화로 공양하오니 자비를 버리지 마시고
이 공양을 받으소서. [저두]

[米供養] **香米供養 不捨慈悲 受此供養**
미공양　　향 미 공 양　불 사 자 비　수 차 공 양

[미공양] 향미로 공양하오니 자비를 버리지 마시고
이 공양을 받으소서. [저두]

加持供養
가 지 공 양

以此加持妙供具
이 차 가 지 묘 공 구

供養藥師琉璃光如來佛 [절]
공 양 약 사 유 리 광 여 래 불

이 가지한 오묘한 공양구로 약사유리광여래부처님께
공양합니다.

以此加持妙供具
이 차 가 지 묘 공 구

供養日光遍照消災菩薩 [절]
공 양 일 광 변 조 소 재 보 살

이 가지한 오묘한 공양구로 일광변조소재보살님께
공양합니다.

以此加持妙供具
이 차 가 지 묘 공 구

供養月光遍照息災菩薩 [절]
공 양 월 광 변 조 식 재 보 살

이 가지한 오묘한 공양구로 월광변조식재보살님께
공양합니다.

不捨慈悲受此供 施作佛事度眾生
불 사 자 비 수 차 공 시 작 불 사 도 중 생

[저두]

자비를 버리지 마시고 이 공양을 받으시고
불사를 펴시고 중생을 건지소서.

普供養眞言
보 공 양 진 언

「옴 아아나 삼바바 바아라 혹」

普回向眞言
보 회 향 진 언

「옴 사마라 사마라 미마나 사라마하
자가라바 훔」

[이하 불전과 동일하게 진행. 약사경 염송]

補闕眞言
보 궐 진 언

「옴 호로호로 사야모케 스바하」[삼편]

[祝願]

앙고(仰告, 우러러 아뢰옵니다.) 동방만월세계 열두 가지 서원을 세우신 약사유리광여래 자비의 존자시여, 자비를 버리지 마시고 밝은 거울을 드리우소서. 지금까지 닦은 한량없는 공덕을 세 곳으로 돌리오니, 모두 원만히 이루어지이다.

사바세계 남섬부주 대한민국 ○○처 청정수월도량에서, 오늘 지극한 정성으로 공양하며 발원하는 재자 ○○처 거주 ○○인 보체가 이 인연공덕으로 일체의 고통과 액난이 영원히 소멸되고, 사대는 강건하고 육근은 청정해져 언제나 평안하고 행복하게 장수를 누리며, 자손은 번창하고 부귀영화 성취되며 마음속 소원이 뜻대로 원만히 이루어지게 하옵소서.

그런 뒤에 갠지스 강 모래알처럼 많은

법계의 한량없는 불자들이, 꽃으로 장엄된 화장세계에 노닐며 깨달음의 도량에 함께 들어가, 항상 화엄세계의 불보살님들을 만나 뵙고, 모든 부처님의 크신 광명을 입어, 무량한 죄업 소멸되고 한량없는 큰 지혜를 얻어, 위없고 바른 깨달음을 단박에 이루어, 널리 법계의 모든 중생을 제도하여, 부처님의 크신 은혜 갚기 원하오며, 태어나는 세상마다 보살도를 행하여 마침내 일체지를 원만히 이루어지게 하옵소서.

마하반야바라밀

관음전권공
觀音殿勸供

擧佛
거 불

南無 普門示現 觀世音菩薩
나모 보문시현 관세음보살

南無 左補處 南巡童子
나모 좌보처 남순동자

南無 右補處 海上龍王
나모 우보처 해상용왕

精勤
정근

南無 普門示現 願力弘深 大慈大悲
나모 보문시현 원력홍심 대자대비

救苦救難
구고구난

觀世音菩薩 觀世音菩薩 [상황 따라]
관세음보살 관세음보살

觀世音菩薩 滅業障眞言
관세음보살 멸업장진언

「옴 아로늑계 스바하」

具足神通力 廣修智方便 十方諸國
구족신통력 광수지방편 시방제국
土 無刹不現身 願滅四生六道 法界
토 무찰불현신 원멸사생육도 법계
有情 多劫生來諸業障 我今懺悔稽
유정 다겁생래제업장 아금참회계
首禮 願諸罪障悉消除 世世常行菩
수례 원제죄장실소제 세세상행보
薩道 願以此供德 普及於一切 我等
살도 원이차공덕 보급어일체 아등
與衆生 皆共成佛道
여중생 개공성불도

無量威德自在光明勝妙力變食眞言
무량위덕자재광명승묘력변식진언

(부처님의 가지로써 공양한 음식을 질적·양적으로 변화시키는 진언)

「나막 살바 다타아다 바로기데
 옴 삼바라 삼바라 훔」

施甘露水眞言 (감로수가 흘러나오는 진언)
시감로수진언

「나모 소로바야 다타아다야 다냐타
 옴 소로소로 바라소로 바라소로
 스바하」

上來 加持旣畢 供養將陳
상래 가지기필 공양장진

[香供養] **燃香供養 不捨慈悲 受此供養**
향공양　연향공양　불사자비　수차공양

　[향공양] 향을 사라 공양하오니 자비를 버리지 마시고
　　이 공양을 받으소서. [저두]

[燈供養] **燃燈供養 不捨慈悲 受此供養**
등공양　연등공양　불사자비　수차공양

　[등공양] 등을 밝혀 공양하오니 자비를 버리지 마시고
　　이 공양을 받으소서. [저두]

[茶供養] **仙茶供養 不捨慈悲 受此供養**
다공양　선다공양　불사자비　수차공양

　[다공양] 신선계의 차로 공양하오니 자비를 버리지
　　마시고 이 공양을 받으소서. [저두]

[果供養] **仙果供養 不捨慈悲 受此供養**
과공양　선과공양　불사자비　수차공양

　[과공양] 신선계의 차로 공양하오니 자비를 버리지
　　마시고 이 공양을 받으소서. [저두]

[花供養] **香花供養 不捨慈悲 受此供養**
화공양　향화공양　불사자비　수차공양

　[화공양] 향화로 공양하오니 자비를 버리지 마시고
　　이 공양을 받으소서. [저두]

[米供養] **香米供養 不捨慈悲 受此供養**
미공양　향미공양　불사자비　수차공양

　[미공양] 향미로 공양하오니 자비를 버리지 마시고
　　이 공양을 받으소서. [저두]

加持供養
가 지 공 양

以此加持妙供具 供養觀世音菩薩
이 차 가 지 묘 공 구   공 양 관 세 음 보 살

이 가지한 오묘한 공양구로 관세음보살님께 공양합니다.

以此加持妙供具 供養南巡童子
이 차 가 지 묘 공 구   공 양 남 순 동 자

이 가지한 오묘한 공양구로 좌보처 남순동자님께 공양합니다.

以此加持妙供具 供養海上龍王
이 차 가 지 묘 공 구   공 양 해 상 용 왕

이 가지한 오묘한 공양구로 우보처 해상용왕님께 공양합니다.

不捨慈悲受此供 施作佛事度衆生
불 사 자 비 수 차 공   시 작 불 사 도 중 생

자비를 버리지 마시고 이 공양을 받으시고 불사를 펴시고 중생을 건지소서.

普供養眞言
보 공 양 진 언

「옴 아아나 삼바바 바아라 혹」

普回向眞言
보 회 향 진 언

「옴 사마라 사마라 미마나 사라마하 자가라바 훔」

[이하 불전과 동일하게 진행, 관음경 독송]

補闕眞言
보 궐 진 언

「옴 호로호로 사야모케 스바하」 [삼편]

[祝願]

앙고(仰告, 우러러 아뢰옵니다.) 대자대비하신 관세음보살님이시여, 자비를 버리지 마옵시고 지혜 광명을 드리워 주옵소서.

지금까지 닦은 바다 같은 공덕을 세 곳으로 회향하오니 모든 원만하여지이다.

사바세계 남섬부주 대한민국 ○○처 청정수월도량에서, 오늘 지극한 정성으로 공양하며 발원하는 재자 ○○거주 ○○보체 등이 이 인연 공덕으로 일체의 병고와 재난이 소멸하고 사대가 건강하고 육근이 청정하여 수명이 길어지고 편안하고 태평하며 부귀영화 누리며 마음속에 구하는 모든 소원이 뜻대로 원만히 이루게 하오소서.

그런 뒤에, 갠지스 강 모래수와 같이 많은 법계의 한량없는 불자들이, 꽃으로 장엄된 화장세계에 노닐며 깨달음의 도량에 들어가, 항상 화엄세계의 불보살님들을 만나 뵙고, 모든 부처님의 크신 광명을 입어, 무량한 죄업 소멸되고 한량없는 큰 지혜를 얻어, 위없는 바른 깨달음을 단박에 이루어, 널리 법계의 모든 중생을 제도하여, 부처님의 크신 은혜 갚기 원하오며, 태어나는 세상마다 보살도를 행하여 마침내 일체지를 원만히 이루어지게 하옵소서.

마하반야바라밀

나모 석가모니불 [삼청]

지장전권공
地藏殿勸供

擧佛
거불

南無 地藏菩薩摩訶薩
나무 지장보살마하살

南無 左補處 道明尊者
나무 좌보처 도명존자

南無 右補處 無毒鬼王
나무 우보처 무독귀왕

精勤
정근

南無 南方化主[幽冥敎主]大願本尊
나무 남방화주 유명교주 대원본존

地藏菩薩 地藏菩薩 [상황 따라]
지장보살 지장보살

地藏菩薩 滅定業眞言
지장보살 멸정업진언

「옴 바라 마니다니 스바하」

讚偈
찬게

地藏大聖誓願力 恒沙衆生出苦海
지장대성서원력 항사중생출고해

十殿照律地獄空 業盡衆生放人間
십 전 조 율 지 옥 공 　 업 진 중 생 방 인 간

無量威德自在光明勝妙力變食眞言
무 량 위 덕 자 재 광 명 승 묘 력 변 식 진 언

(부처님의 가지로써 공양한 음식을 질적·양적으로 변화시키는 진언)

「나막 살바 다타아다 바로기데
　옴 삼바라 삼바라 훔」

施甘露水眞言 (감로수가 흘러나오는 진언)
시 감 로 수 진 언

「나모 소로바야 다타아다야 다냐타
　옴 소로소로 바라소로 바라소로
　스바하」

上來 加持旣畢 供養將陳
상 래 　 가 지 기 필 　 공 양 장 진

앞에서 가지를 마친 공양을 이제 올립니다.

[香供養] 燃香供養 不捨慈悲 受此供養
　향공양　　연 향 공 양 　불 사 자 비 　수 차 공 양

[향공양] 향을 사라 공양하오니 자비를 버리지 마시고
이 공양을 받으소서. [저두]

[燈供養] 燃燈供養 不捨慈悲 受此供養
　등공양　　연 등 공 양 　불 사 자 비 　수 차 공 양

[등공양] 등을 밝혀 공양하오니 자비를 버리지 마시고
이 공양을 받으소서. [저두]

[茶供養] **仙茶供養 不捨慈悲 受此供養**
　　　　　　선 다 공 양　불 사 자 비　수 차 공 양

[다공양] 신선계의 차로 공양하오니 자비를 버리지 마시고 이 공양을 받으소서. [저두]

[果供養] **仙果供養 不捨慈悲 受此供養**
　　　　　　선 과 공 양　불 사 자 비　수 차 공 양

[과공양] 신선계의 차로 공양하오니 자비를 버리지 마시고 이 공양을 받으소서. [저두]

[花供養] **香花供養 不捨慈悲 受此供養**
　　　　　　향 화 공 양　불 사 자 비　수 차 공 양

[화공양] 향화로 공양하오니 자비를 버리지 마시고 이 공양을 받으소서. [저두]

[米供養] **香米供養 不捨慈悲 受此供養**
　　　　　　향 미 공 양　불 사 자 비　수 차 공 양

[미공양] 향미로 공양하오니 자비를 버리지 마시고 이 공양을 받으소서. [저두]

加持供養
　가 지 공 양

以此加持妙供具
이 차 가 지 묘 공 구

供養地藏菩薩摩訶薩
공 양 지 장 보 살 마 하 살

이 가지한 오묘한 공양구로 지장보살님께 공양합니다.

以此加持妙供具 供養道明尊者
이 차 가 지 묘 공 구　공 양 도 명 존 자

이 가지한 오묘한 공양구로 왼쪽에서 보좌하시는
도명존자님께 공양합니다.

以此加持妙供具 供養無毒鬼王
이 차 가 지 묘 공 구 공 양 무 독 귀 왕

이 가지한 오묘한 공양구로 오른쪽에서 보좌하시는
무독귀왕님께 공양합니다.

不捨慈悲受此供 施作佛事度衆生
불 사 자 비 수 차 공 시 작 불 사 도 중 생

자비를 버리지 마시고 이 공양을 받으시고
불사를 펴시고 중생을 건지소서.

普供養眞言
보 공 양 진 언

「옴 아아나 삼바바 바아라 혹」

普回向眞言
보 회 향 진 언

「옴 사마라 사마라 미마나 사라마하
 자가라바 훔」

[이하 불전과 동일, 지장보살본원경(322쪽), 독송]

補闕眞言
보 궐 진 언

「옴 호로호로 사야모케 스바하」 [삼편]

[祝願]

앙고(仰告, 우러러 아뢰옵니다.) 남섬부주의 교화주시며 큰 원력의 본존이신 지장보살님이시여, 자비를 버리지 마옵시고 지혜광명을 드리워 주옵소서.

지금까지 닦은 바다 같은 한량없는 공덕을 세 곳으로 회향하오니 모두 원만하게 하소서.

사바세계 남섬부주 대한민국 ○○처 청정수월도량에서, 지극한 정성으로 오늘 ○○재를 봉행하는 ○○에 거주하는 재자 ○○가 그의 ○○, ○○영가가, 이 인연공덕으로 지장보살께서 보살피시는 오묘한 힘을 입어, 여러 겁 동안 지은 죄업이 모두 소멸되고, 저승길에 헤매지 않고 곧바로 극락세계 왕생하여 상생상품하게 하옵소서.

다시 축원하옵건대, 염불하고 경을 외운 공덕으로 서방정토에 왕생하여, 아미타부처님을 직접 뵙고, 부처님께서 감로수 뿌려주심을 입어 밝은 지혜 환히 깨달아, 무생법인을 얻으소서.

거듭 원하옵건대, 영가를 중심으로 먼저 돌아가신 스승, 부모, 여러 대의 종친, 형과 아우, 숙부, 백부, 모든 친족 등 여러 영가와 이 도량 안과 밖, 윗동네와 아랫동네, 주인이 있거나 없는 외로운 영혼, 모든 불자 등 각 영가들이 이 인연공덕으로 불보살의 가피력을 입어 모두 삼계의 고뇌를 벗어나 왕생 왕생 원왕생 극락세계에 왕생하여 상품상생하여지이다.

산신각권공
山神閣勸供

擧目 (거목)

南無 萬德高勝 性皆閑寂 山王大神
나무 만덕고승 성개한적 산왕대신

南無 此山局內 恒住大聖 山王大神
나무 차산국내 항주대성 산왕대신

南無 十方法界 至靈至誠 山王大神
나무 시방법계 지령지성 산왕대신

讚偈 (찬게)

靈山昔日如來囑 位鎭江山度衆生
영산석일여래촉 위진강산도중생

萬里白雲青嶂裡 雲車鶴駕任閒情
만리백운청장리 운거학가임한정

無量威德自在光明勝妙力變食眞言
무량위덕자재광명승묘력변식진언
(부처님의 가지로써 공양한 음식을 질적·양적으로 변화시키는 진언)

「나막 살바 다타아다 바로기데
 옴 삼바라 삼바라 훔」

施甘露水眞言 (감로수가 흘러나오는 진언)
시 감 로 수 진 언

「나모 소로바야 다타아다야 다냐타
옴 소로소로 바라소로 바라소로
스바하」

上來 加持旣畢 供養將陳
상 래　가 지 기 필　공 양 장 진

[香供養] 燃香供養 不捨慈悲 受此供養
향공양　　연 향 공 양　불 사 자 비　수 차 공 양

[향공양] 향을 사라 공양하오니 자비를 버리지 마시고
이 공양을 받으소서. [저두]

[燈供養] 燃燈供養 不捨慈悲 受此供養
등공양　　연 등 공 양　불 사 자 비　수 차 공 양

[등공양] 등을 밝혀 공양하오니 자비를 버리지 마시고
이 공양을 받으소서. [저두]

[茶供養] 仙茶供養 不捨慈悲 受此供養
다공양　　선 다 공 양　불 사 자 비　수 차 공 양

[다공양] 신선계의 차로 공양하오니 자비를 버리지
마시고 이 공양을 받으소서. [저두]

[果供養] 仙果供養 不捨慈悲 受此供養
과공양　　선 과 공 양　불 사 자 비　수 차 공 양

[과공양] 신선계의 차로 공양하오니 자비를 버리지
마시고 이 공양을 받으소서. [저두]

[花供養] **香花供養 不捨慈悲 受此供養**
　　　　　향 화 공 양　불 사 자 비　수 차 공 양

[화공양] 향화로 공양하오니 자비를 버리지 마시고
　　　　이 공양을 받으소서. [저두]

[米供養] **香米供養 不捨慈悲 受此供養**
　　　　　향 미 공 양　불 사 자 비　수 차 공 양

[미공양] 향미로 공양하오니 자비를 버리지 마시고
　　　　이 공양을 받으소서. [저두]

加持供養
　가 지 공 양

以此加持妙供具 供養 性皆閑寂
이 차 가 지 묘 공 구　공 양　성 개 한 적

山王大神 [절]
산 왕 대 신

이 가지한 오묘한 공양구로 성품이 모두 한적하신 산왕대신님께 공양합니다.

以此加持妙供具 供養 恒住大聖
이 차 가 지 묘 공 구　공 양　항 주 대 성

山王大神 [절]
산 왕 대 신

이 가지한 오묘한 공양구로 항상 성인의 자리에 머물러 계시는 산왕대신님께 공양합니다.

以此加持妙供具 供養 至靈至誠
이 차 가 지 묘 공 구　공 양　지 령 지 성

山王大神 [절]
산 왕 대 신

이 가지한 오묘한 공양구로 지극히 영통하고 지극한 정성의 산왕대신님께 공양합니다.

不捨慈悲受此供 施作佛事度衆生
불 사 자 비 수 차 공　시 작 불 사 도 중 생

[저두]

자비를 버리지 마시고 이 공양을 받으시고 불사를 펴시고 중생을 건지소서.

普供養眞言
보 공 양 진 언

「옴 아아나 삼바바 바아라 혹」

普回向眞言
보 회 향 진 언

「옴 사마라 사마라 미마나 사라마하 자가라바 훔」

[이하 불전과 동일하게 진행, 산왕경 독송]

산 왕 경
山 王 經

대산소산산왕대신　대악소악산왕대신
大山小山山王大神　大岳小岳山王大神

대각소각산왕대신　대축소축산왕대신
大覺小覺山王大神　大丑小丑山王大神

미산재처산왕대신　이십육정산왕대신
尾山在處山王大神　二十六丁山王大神

외악명산산왕대신
外岳明山山王大神

사해피발산왕대신
四海被髮山王大神

명당토산산왕대신
明堂土山山王大神

금궤대덕산왕대신
金匱大德山王大神

청룡백호산왕대신
靑龍白虎山王大神

현무주작산왕대신
玄武朱雀山王大神

동서남북산왕대신
東西南北山王大神

원산근산산왕대신
遠山近山山王大神

상방하방산왕대신
上方下方山王大神

흉산길산산왕대신
凶山吉山山王大神

補闕眞言
보궐진언

「옴 호로호로 사야모케 스바하」 [삼편]

[祝願]

앙고(仰告, 우러러 아뢰옵니다.) 모든 산왕대신이시여, 연민의 지극한 마음을 드리우사, 각각 신통력을 놓으소서. 지금까지 닦은 공덕을 세 곳으로 회향하오니 모두 원만하게 하옵소서.

사바세계 남섬부주 대한민국 ○○처 청정수월도량에서, 오늘 지극한 정성으로 공양하며 발원하는 재자 ○○처 거주 ○○인 보체가 이 인연공덕으로 매일매일 여러 가지 상서로운 경사 있고, 어느 때나 일체재앙 없어지고, 사대가 건강하고 육근이 청정하여 자손은 창성하고 부귀영화 누리며 편안하고 태평하며 수명이 길어지고 마음속에 구하는 모든 소원이 뜻대로 원만하게 이루게 하오소서.

그런 뒤에, 일체 유정들이 삼업이 청정해지고 부처님 가르침 받들어 지니고, 산왕 대성존님께 절하오며, 함께 길상을 보호하게 하오소서.

마하반야바라밀

시식의
施食儀

영혼식(迎魂式)

擧佛(거불)

南無大聖引路王菩薩摩訶薩
나 모 대 성 인 로 왕 보 살 마 하 살

著語(착어)

今日某靈 生本無生 滅本無滅
금일모령 생본무생 멸본무멸

生滅本虛 實相常住
생멸본허 실상상주

[某靈] 還會得 無生滅底一句麽
모령 환회득 무생멸저일구마

[良久]
양구

俯仰隱玄玄 視聽明歷歷
부 앙 은 현 현 시 청 명 력 력

---

* '대령'이라는 표현은 『五種梵音集』(1661)에도 보이지 않고, 곧바로 영산작법이 시설되고 있다. 『금산사 제반문』(1694, 한의총2, 475~476하)에는 특정혼령을 맞이하는 迎魂式이 등장하고, 정문 밖에 '迎魂所'를 설치한다. 『범음산보집』(1723, 한의총 3, p.5상)에는 '對靈之所'라고 하고 있다. 대령은 사명일의 국혼 승혼 고혼을 대면하는 의식이고, 재대령은 특정 혼령을 대면하는 영혼식이며, 현재 제시되고 있는 대령은 특정혼령을 맞이하는 의식이라고 할 수 있다.
** 착어부터 『金山寺諸般文』(1694, 한의총 2, p.475) '迎魂式'으로 시작하고 있는데, 이를 기준으로 편집한다.

영혼식 **187**

若也會得 頓證法身 永滅飢虛
약야회득 돈증법신 영멸기허

其或未然 承佛神力 仗法加持
기혹미연 승불신력 장법가지

赴此香壇 受我妙供
부차향단 수아묘공

振鈴偈
진령게

以此振鈴伸召請 某氏*英靈遍聞知
이차진령신소청 모씨영영편문지

願承三寶力加持 今日**今時來赴會
원승삼보력가지 금일금시래부회

普召請眞言
보소청진언

「나모 보보데리 가리다리
 다타아다야」[삼편]

[『범음산보집』(1707/1723/1739)에는 고혼 삼청이라고 하지만 『금산사제반문』(1694)에는 다음같이 특정 영가를 청하고 있다.]***

---

* 『석문의범』하(1935, 57)에는 '금일영가'라고 하고 『범음산보집』(1723, 한의총 3, p.5상)에는 '某人靈駕'로 등장한다. 명도의 귀계는 수륙재 일 때가 아니면 적합해 보이지 않는다.
** 『범음산보집』(1723, 한의총 3, p.5상)에는 '금일금시'나 『석문의범』 하(1935, p.57)에는 '今[日夜]'라고 선택을 표시하고 있다.
*** 『天地冥陽水陸儀文』(略稱 仔夔文) 〈請引路篇 第70〉에는 고혼 삼청 이전에 인로왕보살을 청하고 있다. "一心奉請 手擎寶盖 身掛花鬘 導清魂生淨土之中 引亡靈向碧蓮臺畔 大聖引路王菩薩摩訶薩" 이어서

一心奉請 因緣聚散 今古如緣 憑佛
일심봉청 인연취산 금고여연 빙불
法之威光 赴冥陽之勝會 今日特爲
법지위광 부명양지승회 금일특위
某氏英靈 惟願 承三寶力 仗秘密語
모씨영령 유원 승삼보력 장비밀어
今日今時 來臨法會*
금일금시 내림법회

某靈** 旣受虔請 已降香壇 放捨諸緣
모령 기수건청 이강향단 방사제연
俯欽斯奠
부흠사전

某靈 一炷淸香 正是靈駕 本來面目
모령 일주청향 정시영가 본래면목
數點明燈 正是靈駕 着眼時節 先獻
수점명등 정시영가 착안시절 선헌
趙州茶 後進香積饌 於此物物 還着
조주다 후진향적찬 어차물물 환착

2수의 가영이 존재한다. 현행 증명 가영은 둘째 수이다.
* 『金山寺諸般文』(1694, 한의총 2, p.475). 『석문의범』하(1935, p.57)에는 "一心奉請 因緣聚散 今古如然 虛徹廣大靈通 往來自在無碍 今日至誠 薦魂齋者 某人伏爲 某人靈駕 唯願 承佛神力 仗法加持 來詣香壇 受霑法供"으로 등장한다. 이 구문의 원전은 『天地冥陽水陸儀文』(略稱 仔夔文) 〈請引路篇 第70〉의 단월의 '亡過之靈'이라고 할 수 있다. 〈청인로편 제70〉에는 '引路王'을 청하고, '我等父母 累世家親 久近先亡 幷諸眷屬 等衆', '檀越某甲 召請亡過之靈', '檀越某甲 召請亡過之靈'의 삼청에서 셋째 청사와 유사한 구문이다.
** '모령'이 유통본에는 '제불자'로 운은되고 있으나 『석문의범』에는 '모인 영가'이다.

眼麽 [良久]
안 마 양 구

[영정이나 위패를 응시한 채로 조금 있다가 설한다.]

低頭仰面無藏處 雲在青天水在瓶
저 두 앙 면 무 장 처 운 재 청 천 수 재 병

[관욕 시 아래 구문 생략; 미연관욕 시 구문을 읽고
지단진언으로 넘어감]

某靈 旣受香供 已聽法音 合掌專心
모 령 기 수 향 공 이 청 법 음 합 장 전 심

參禮金聖
참 례 금 성

[판수(判首)는 앞에서 인도하고, 그 다음에는 취수(吹手: 나팔수)와 여러 가지 위의(威儀), 그 다음에는 기사(記事)가 인로왕번을 들고, 주지는 국혼(國魂) 번기를 받들며, 당좌(堂佐)는 고혼(孤魂) 번기를 받들고 대중들은 각각 체전(體錢)을 들고, 차례차례 선 다음에 법주가 법당[상당]을 향해 서서 고하며 정로진언을 마치고 출발한다.]

引詣香浴篇 [인예향욕편, [各位牌入浴準備]
인 예 향 욕 편

上來 已憑佛力法力 三寶威神之力
상 래 이 빙 불 력 법 력 삼 보 위 신 지 력

召請 某氏英靈 已居道場 大衆聲鈸
소 청 모 씨 영 령 이 계 도 량 대 중 성 발

請迎赴浴 [요령 내림]
청 영 부 욕

淨路眞言 (길을 깨끗하게 하는 진언)
정 로 진 언

「옴 소신디 라자리다라 라자리다라 모라다예 자라자라 만다만다 하나 하나 훔 바닥」 [삼편]

[관욕소로 출발]

大悲呪 [혹은] 般若心經 [운운]
대 비 주   반 야 심 경

[관욕소에 이르러 설행한다.]

入室偈 (입실게, 욕실로 들여 맞이하는 게송)
입 실 게

一從違背本心王 幾入三途歷四生
일 종 위 배 본 심 왕   기 입 삼 도 력 사 생

今日滌除煩惱染 隨緣依舊自還鄕
금 일 척 제 번 뇌 염   수 연 의 구 자 환 향

加持澡浴篇 (진언의 위력으로 목욕해 드리는 편)
가 지 조 욕 편

詳夫 淨三業者 無越乎澄心 潔萬物
상 부 정 삼 업 자   무 월 호 징 심   결 만 물

者 莫過於淸水 是以 謹嚴浴室 特備
자 막 과 어 청 수   시 이 근 엄 욕 실   특 비

香湯　希一濯於塵勞　獲萬劫之淸淨
향탕　희일락어진로　획만겁지청정

下有沐浴之偈 大衆隨言後和
하유목욕지게 대중수언후화

沐浴偈(목욕게, 목욕해드리는 게송)
목 욕 게

我今以此香湯水　灌浴特爲某氏靈
아 금 이 차 향 탕 수　관 욕 특 위 모 씨 령

身心洗滌令淸淨　證入眞空常樂鄕
신 심 세 척 령 청 정　증 입 진 공 상 락 향

沐浴眞言(목욕하는 진언)
목 욕 진 언

[인법: 두 손 무명지와 소지는 안으로 서로 깍지 끼워 손바닥 속에 넣되 오른손이 왼손을 누른다. 중지를 세워 끝을 서로 떠받친다. 두 손의 두지는 중지 위를 비틀어 붙잡고 두 손의 대지는 중지의 가운데 마디를 누른다.]

「옴 바다모 사니사 아모가 아례 훔」
[삼편]

嚼楊枝眞言(양치질하는 진언)
작 양 지 진 언

[인법: 왼손 대무지(엄지)로 무명지의 아랫마디를 잡고 금강권(金剛拳)을 짓는다.]

「옴 바아라하 스바하」
[삼편]

漱口眞言(입을 헹구는 진언)
수 구 진 언

[인법: 왼손으로 금강권을 맺고 왼손의 중지(원바라밀)와 무명지(방편바라밀)와 소지(지혜바라밀)의 세 손가락을 편다.]

「옴 도도리 구로구로 스바하」 [삼편]

洗手面眞言
세 수 면 진 언

(손과 얼굴을 닦는 진언)

[인법: 작양지진언의 인법과 동일]

「옴 사만다 바리숫뎨 훔」 [삼편]

加持化衣篇 (진언으로 지의를 해탈 옷으로 변하게 함)
가 지 화 의 편

某靈 沐浴旣周 身心俱淨 今以如來
모 령　목 욕 기 주　신 심 구 정　금 이 여 래

無上秘密之言 加持冥衣 願此一衣
무 상 비 밀 지 언　가 지 명 의　원 차 일 의

爲多衣 以多衣爲無量之衣 令稱身
위 다 의　이 다 의 위 무 량 지 의　영 칭 신

形 不長不短 不窄不寬 勝前所服之
형　부 장 부 단　불 착 불 관　승 전 소 복 지

衣 變成解脫之服 故吾佛如來 有化
의　변 성 해 탈 지 복　고 오 불 여 래　유 화

衣財陀羅尼 謹當宣念
의 재 다 라 니　근 당 선 념

[종이옷 태우고 법주는 화의재진언]

化衣財眞言
화 의 재 진 언

(종이옷이 재의로 변화하는 진언)

[인법: 이 주呪에는 인법印法이 없으니, 금강저金剛杵가 있으면 그것으로 그 의미를 돕고, 금강저가 없으면 연화합장蓮花合掌을 지어도 된다.]

「나모 사만다 못다남
　옴 바자나 비로기뎨 스바하」[삼편]

[화의재 바라]

某靈 持呪旣周 化衣已遍 無衣者
모령 지주기주 화의이변 무의자
與衣覆體 有衣者 棄古換新 將詣淨
여의부체 유의자 기고환신 장예정
壇 先整服飾
단 선정복식

授衣眞言(옷을 주는 진언)
수 의 진 언

[인법: 두 손의 대무지로 두지와 중지와 무명지와 소지의 위를 각각 누른다.]

「옴 바리마라바
바아리니 훔」[삼편]

著衣眞言(옷을 입히는 진언)
착 의 진 언

[인법: 두 손의 대무지로 두지와 중지와 무명지와 소지의 위를 각각 누른다.]

「옴 바아라 바사세 스바하」[삼편]

整衣眞言 (정의진언)

(옷 매무새를 정리하는 진언)

[인법: 두 손의 대무지로 두지와 중지와 무명지와 소지의 위를 각각 누른다. (착의진언과 同一)

「옴 사만다 사다라나 바다메 훔 박」
[삼편]

[목욕을 마치고 나서 괘불이운이 끝날 때까지 욕실에서 대기한다. 괘불이운과 신중창불이 끝나면 영단으로 이운한다.]

出浴叅聖篇 (출욕참성편) (욕실을 나와 성현을 뵙는 의식)

某靈(모령) 旣周服食(기주복식) 可詣壇場(가예단장) 禮三寶之(예삼보지) 慈尊(자존) 聽一乘之妙法(청일승지묘법) 請離香浴(청이향욕) 當赴(당부) 淨壇(정단) 合掌專心(합장전심) 徐步前進(서보전진)

[下有指壇眞言 謹當宣念](하유지단진언 근당선념)*

---

* 목욕을 마치고 욕소에서 나올 때 지단진언을 하며 전진할 수 있다.

▼[미연관욕 시 이어 진행하는 곳]

指壇眞言
지 단 진 언

「옴 예이혜 베로자나야 스바하」 [삼편]

法身偈
법 신 게

法身遍滿百億界 普放金色照人天
법 신 변 만 백 억 계   보 방 금 색 조 인 천

應物現形潭底月 體圓正坐寶蓮臺
응 물 현 형 담 저 월   체 원 정 좌 보 련 대

散花落 [삼편]
산 화 락

南無大聖引路王菩薩 [삼편]
나 무 대 성 인 로 왕 보 살

[인성이 소리를 하면서 정중(마당)으로 가야 하지만 인성이 소리를 모르는 사람에게는 나모아미타불 법성게 반야심경 등을 택일하여 전 대중이 염송하면서 행진한다. 법성게가 적합하다고 보인다. 아래 개문게 정중게송은 해탈문 밖에 목욕소가 설치된 당시의 모습이지만 전통의례이므로 살려둔다.]

開門偈 (정문이나 누각아래 문을 여는 게송)
개 문 게

捲箔逢彌勒 開門見釋迦
권 박 봉 미 륵   개 문 현 석 가

三三禮無上 遊戱法王家
삼 삼 례 무 상　유 희 법 왕 가

庭中偈 (마당에 드는 게송)
정 중 게

一步曾不動 來向水雲間
일 보 증 부 동　내 향 수 운 간

旣到阿練若 入室禮金仙
기 도 아 연 약　입 실 예 금 선

加持禮聖篇 (가지의 힘으로 절을 올리는 의식)
가 지 예 성 편

某氏魂靈 引入淨壇已竟 今當禮奉
모 씨 혼 령　인 입 정 단 이 경　금 당 예 봉

三寶 夫三寶者 三身正覺 五敎靈文
삼 보　부 삼 보 자　삼 신 정 각　오 교 영 문

三賢十聖之尊 四果二乘之衆 某靈
삼 현 십 성 지 존　사 과 이 승 지 중　모 령

旣來法會 得赴香筵 想三寶之難逢
기 래 법 회　득 부 향 연　상 삼 보 지 난 봉

傾一心而信禮
경 일 심 이 신 례

[下有普禮之偈 大衆隨言後和]
하 유 보 례 지 게　대 중 수 언 후 화

普禮偈 (절을 올리는 게송)
보례게

稽首十方調御師 三乘五敎眞如法
계수시방조어사 삼승오교진여법

菩薩聲聞緣覺僧 一心歸命虔誠禮
보살성문연각승 일심귀명건성례

普禮 十方常住 法身報身化身
보례 시방상주 법신보신화신

諸佛陀 [절]
제불타

普禮 十方常住 經藏律藏論藏
보례 시방상주 경장율장논장

諸達摩 [절]
제달마

普禮 十方常住 菩薩緣覺聲聞
보례 시방상주 보살연각성문

諸僧伽 [절]
제승가

某靈
모령

旣禮三寶 還得衣珠
기례삼보 환득의주

放下身心 依位而住
방하신심 의위이주

[다음의 법성게를 염송하며 요잡을 하고 청법단에 이른다.]*

영혼식   199

법성원융무이상 (法性圓融無二相) 　제법부동본래적 (諸法不動本來寂)
무명무상절일체 (無名無相絶一切) 　증지소지비여경 (證智所知非餘境)
진성심심극미묘 (眞性甚深極微妙) 　불수자성수연성 (不守自性隨緣成)
일중일체다중일 (一中一切多中一) 　일즉일체다즉일 (一卽一切多卽一)
일미진중함시방 (一微塵中含十方) 　일체진중역여시 (一切塵中亦如是)
무량원겁즉일념 (無量遠劫卽一念) 　일념즉시무량겁 (一念卽是無量劫)
구세십세호상즉 (九世十世互相卽) 　잉불잡란격별성 (仍不雜亂隔別成)
초발심시변정각 (初發心時便正覺) 　생사열반상공화 (生死涅槃常共和)
이사명연무분별 (理事冥然無分別) 　시불보현대인경 (十佛普賢大人境)
능입해인삼매중 (能入海印三昧中) 　번출여의부사의 (繁出如意不思議)
우보익생만허공 (雨寶益生滿虛空) 　중생수기득이익 (衆生隨器得利益)
시고행자환본제 (是故行者還本際) 　파식망상필부득 (叵息妄想必不得)

---

* 영단에 바로 안치하는 것이 아니고 법사 앞 청법단에 일단 모시고 영산작법을 들려준다.

무연선교착여의 귀가수분득자량
無緣善巧捉如意 歸家隨分得資糧

이다라니무진보 장엄법계실보전
以陀羅尼無盡寶 莊嚴法界實寶殿

궁좌실제중도상 구래부동명위불
窮坐實際中道床 舊來不動名爲佛

掛錢偈
괘전게

諸佛大圓鏡 畢竟無內外
제불대원경 필경무내외

爺孃今日會 眉目正相撕
야양금일회 미목정상시

受位安座篇 (위패를 받아 좌대[청법단]에 안치하는 의식)
수위안좌편

某靈 上來 承佛攝受 仗法加持
모령 상래 승불섭수 장법가지

旣無囚繫以臨筵 願獲逍遙而就座
기무수계이임연 원획소요이취좌

[下有安座眞言 大衆隨言後和]
하유안좌진언 대중수언후화

「옴 마니 군다리 훔훔 스바하」 [삼편]

茶偈(차를 올리며 하는 게송)
다 게

百草林中一味新 趙州常勸幾千人
백 초 임 중 일 미 신　조 주 상 권 기 천 인

烹將石鼎江心水 願使仙靈歇苦輪
팽 장 석 정 강 심 수　원 사 선 령 헐 고 륜

普供養眞言
보 공 양 진 언
「옴 아아나 삼바바 바아라 혹」

[관욕이 끝난 영가 위패를 하단에 안치하였으면, 신중작법 괘 불이운 영산작법을 봉행한다.]

통용진전식
通用進奠式

[전(奠)은 제사를 올린다는 뜻과 제수(祭需), 또는 혼령을 뜻하기도 한다. 제수를 올려 제사지내는 의범이라고 할 수 있다. 칠칠재나 기일제사 등에 활용하며, 시식을 함께 봉행할 때는 〈헌식규〉나 관음시식을 원용한다. 제사를 지낸 위패를 문밖 혹은 영혼소에서 대기하고 있다고 청혼이 끝나면 영단으로 모셔온다.]

● 道場結界(도량결계)

[천수경 도량게까지 합송 쇄수, 요령·목탁]

● 擧佛(거불, 요령 · 목탁)

나모아미타불 [절]
南無阿彌陀佛

나모관세음보살 [절]
南無觀世音菩薩

나모대세지보살 [절]
南無大勢至菩薩

보소청진언(널리 청하는 진언)
普召請眞言

「나모 보보데리 가리다리 다타아다야」
[삼편]

●唱魂(창혼: 법주 요령 3번 내리고 조금 있다가 합장하고 부름)

今次 娑婆世界 此四天下 南贍部洲 海東 大韓民國 ○○居住 行孝子 ○伏爲 ○靈駕 ○年忌日 就於○○道場 至極精誠 虔誠香壇 行孝子 ○○ 所請○○英靈 [요령내림]

(再說) 今此 至極之精誠 生前孝行 死後 ○○年忌日 設香壇前 奉請齋者 ○○居住 行孝子 ○○伏爲 所請 ○○英靈 [요령 내림]

사바세계 차사천하 남섬부주 해동 대한민국 ○○ 거주 행효자 ○○○불자는 ○○님의 기일을 위해 ○○도량으로 나아가 지극한 정성으로 향단을 개설하였습니다. '○○불자의 ○○영령이여', [재설]

(三說) 今此 英靈爲主 上逝 先亡父母 多生師長 遠近親族等 各列位列名靈駕 此寺道場內外 洞上洞下 一切 有主無主 孤魂佛子等 各列位列名英靈 [요령 내림]

오늘 청하는 영령을 주로 하여 지난 세상에

먼저 돌아가신 부모, 다생의 스승님, 가깝고 먼 친척 등 여러 혼령와 이 도량 안과 밖, 마을의 위와 아래, 주인 있고 주인 없는 외로운 영혼을 비롯한 각각의 모든 혼령시여.

● 請魂(청혼, 합장)

(某靈) 蕭然空寂 湛爾冲虛

　遠聞金鐸之淸音 速赴雲霄之蘭若

　攝心安座 受我法食 頓悟無生

(아무 혼령이여) 그윽하고 텅 비었으니 멀리서나마 금탁의 맑은 소리를 듣고 속히 하늘같이 높은 난야(蘭若: 절)에 이르소서. 그리하여 마음을 가다듬고 자리에 편히 앉아 저의 이 법의 음식 받고 단박에 무생을 깨치십시오.

[제주가 위패를 모시고 들어와서 정면에 서면 인례는 위패를 받아 영단에 안치한다]

수위안좌진언 (위패를 받아 자리에 안치하는 진언, 요령)
受 位 安 座 眞 言

「옴 마니 군다리 훔 훔 스바하」[삼편]

(某靈) 數枝香蓺爐中 周徧法界 而方盈十虛 一

點燈挑壇上 光通六途 而照破昏衢 唯此一床之珍羞 乃是三德之妙用 論其體則 體偏河沙 語其相則相周法界 是故聞而不見 尚免飢虛爲苦 見而不食 猶得禪悅之樂 而況高提匙筯 親嘗法味者也

(아무 혼령이여), 향로 속에 몇 개비 향을 사루니 향냄새 온 법계에 두루 퍼져서 시방의 하늘에 가득하고, 단 위에 한 접의 등불을 돋우니 그 불빛 여섯 갈래 세계에 사무쳐서 어두운 거리를 비추어 어두움을 깨뜨리나이다. 오직 이 한 상의 맛좋은 음식은 바로 세 가지 덕의 미묘한 작용이니 그 본체를 논하면 그 본체가 항하강 모래알처럼 두루 퍼져 있고, 그 모습을 말하면 그 모습은 법계에 두루 퍼져 있습니다. 그런 까닭에 듣기만 하고 보지 않아도 오히려 배고픈 괴로움을 면할 수 있고, 보기만 하고 먹지 않아도 오히려 선열(禪悅)의 즐거움을 얻습니다. 그런데 더구나 수저를 높이 들고 직접 법의 맛을 맛보는 것이겠습니까?

(某靈) 神智昭然 俯歆斯奠

(아무 혼령이여),

신비한 지혜는 밝고 밝으니,

이 음식에 구부려 흠향(歆饗)하소서.

● 進飯(진반, 요령·합장)

  [요령 목탁 함께 내림, 법주 요령 3하 후 합장하고 낭독]

상래 소청 조상영가 위에서 청한 조상님이시여,
上來 召請 祖上靈駕

[향] 설오분지진향 훈발대지
香 爇五分之眞香 熏發大智

　　다섯 가지 진리의 향을 사르오니,

　　큰 깨달음 얻으소서.

[등] 연반야지명등 조파혼구
燈 燃般若之明燈 照破昏衢

　　반야의 밝은 등을 밝히오니,

　　명도의 어두운 길 밝히소서.

[다] 헌조주지청다 돈식갈정
茶 獻趙州之淸茶 頓息渴情

　　조주스님 맑은 차를 올리오니,

　　단박에 목마름을 면하소서.

[과] **헌선도지진품 상조일미**
献 仙 都 之 眞 品　常 助 一 味

　　신세계의 진품 과일을 올리오니,
　　항상 한 맛을 도우소서.

[식] **진향적지진수 영절기허**
進 香 積 之 珍 羞　永 絶 飢 虛

　　향적세계 진수 밥을 올리오니,
　　영원히 배고픔을 면하소서.

금일 조상영가 (법주 요령 내림)
今 日 　祖 上 靈 駕

어차물물 종종진수
於 此 物 物 　種 種 珍 羞

부종천강 비종지용
不 從 天 降 　非 從 地 聳

단종자손지일편 성심유출
但 從 子 孫 之 一 片 　誠 心 流 出

나열영전 복유상향 (요령 내림)
羅 列 靈 前 　伏 惟 尙 饗

　　조상님이시여, 이곳에 차린 갖가지 진수는 하늘에서 그냥 떨어진 것도 또한 땅에서 대충 솟은 것도 아니라 오로지 후손들의 한결같은 정성스런 마음에서 마련한 것입니다. 혼령님 앞에 나열하였으니 흠향하소서.

보공양진언 (널리 공양하게 하는 진언)
普供養眞言

「옴 아아나 삼바바 바아라 혹」[삼편]

[자손들은 영전에 삼배를 올리고 조상님들이 배불리 드시는 것을 생각한다.]

○ 讚飯偈 (찬반게, 다 같이 요령·목탁)

수아차법식　하이아난찬
受我此法食　何異阿難饌
기장함포만　업화돈청량
飢腸咸飽滿　業火頓淸凉
돈사탐진치　상귀불법승
頓捨貪瞋癡　常歸佛法僧
염념보리심　처처안락국
念念菩提心　處處安樂國

　우리들의 법다운 공양을 받으시니,
　아난의 공양과 다름없으리니,
　시장한 이는 드시니 배부르고
　업의 불길 모두 꺼져 시원해지며
　탐진치 모진 독을 몰록 버리고
　어느 때나 삼보님께 귀의케 되니
　언제나 보리심 내면,
　있는 곳이 안락국이네.

● 念誦(염송: 나모아미타불 정근 금강경·아미타경 등)

보회향진언 (널리 회향하는 진언)
普回向眞言

「옴 사마라 사마라 미마나 사라
마하 자가라바 훔」 [삼편]

● 奉送(봉송)

[인례가 위패를 내려 주며 제주는 그것을 받아 반야심경에 따라 소송하는 곳으로 이동]

마하반야바라밀다심경 (대중과 함께, 송주성)
摩訶般若波羅蜜多心經

관자재보살이 깊은 반야바라밀다를 행할 때, 오온이 모두 공한 것을 비추어 보고 온갖 괴로움과 재앙을 건지느니라.

사리자여, 색이 공과 다르지 않고 공이 색과 다르지 않으며, 색이 곧 공이요 공이 곧 색이니, 수 상 행 식도 그러하니라.

사리자여, 모든 법은 공하여 나지도 없어지지도 않으며, 더럽지도 깨끗하지도 않으며, 늘지도 줄지도 않느니라. 그러므로 공 가운데는 색 수 상 행 식도 없으며, 안 이 비 설 신

의도 없으며, 색 성 향 미 촉 법도 없으며, 눈의 경계도 의식의 경계까지도 없으며, 무명도 무명이 다함까지도 없으며, 늙고 죽음도 늙고 죽음이 다함까지도 없으며, 고 집 멸 도도 없으며, 지혜도 얻음도 없느니라.

얻을 것이 없는 까닭에 보살은 반야바라밀다를 의지하므로 마음에 걸림이 없고 걸림이 없으므로 두려움이 없어서, 뒤바뀐 헛된 생각을 아주 떠나 완전한 열반에 들어가며, 삼세의 모든 부처님도 이 반야바라밀다를 의지하므로 아눗다라삼먁삼보디를 얻느니라.

반야바라밀다는 가장 신비하고 밝은 주문이며 위없는 주문이며 무엇과도 견줄 수 없는 주문이니, 온갖 괴로움을 없애고 진실하여 허망하지 않음을 알지니라. 이제 반야바라밀다주를 말하리라. 「아데아데 바라아데 바라아데 모디 스바하」 [삼편]

[제사를 마치고 무주고혼의 시식을 하고자 하면 밖으로 나와 헌식대에서 헌식규로 봉행하면 좋을 것이다.]

헌식규
獻食規

 '변식규'라고도 하는데, 당해 혼령에 제사를 올린 후 제수를 받지 못한 무주고혼에게 음식을 나누어주는 절차, 하단시식 때 여러 가지 올린 전물을 조금 거두어, 나가 헌식대 앞에 이르러 가볍게 세 번 탄지를 하고 "제불자 혼령이여," 하고 창혼을 하고 시작한다.

정법계진언
淨法界眞言

「옴 람」 [삼칠편]

[법주가 정법계진언 '옴 람'을 외우면 증명은 오른손 무명지를 펴서 '옴 람' 두 자를 공중에 그리고, '옴'자의 광명이 법계에 두루 하여 구릉이나 구덩이 평탄하여 걸림이 없이 (그곳에 있는 일체 유정 모두) 다 청량해진다고 생각한다.]

람자광명 변조법계 구릉갱감 개득청량
喃字光明 遍照法界 丘陵坑坎 皆得淸凉

'람'자 광명이 일체 법계 구덩이까지
두루 하여 모두 청량을 얻게 되리.

법력난사의 대비무장애
法力難思議 大悲無障碍

법력은 생각하기 어렵고 대비는 장애가 없으니

입립편시방 보시주법계
粒粒遍十方 普施周法界

알알이 시방에 두루 하여 널리 법계에 베풀어 두루 하고

금이소수복 보첨어귀취
今 以 所 修 福　普 沾 於 鬼 趣

이제 이 닦은 복으로 널리 귀중께 적셔 주니

식이면극고 사신생락처
食 己 免 極 苦　捨 身 生 樂 處

드시고 고통을 면하고 몸 버리고 극락에 나네.

[사다라니 각 칠 편]

변식진언 (한량없는 음식으로 변화하게 하는 진언)
變 食 眞 言

「나막 살바 다타아다 바로기데
옴 삼바라 삼바라 훔」

[변식진언을 외울 때, 증명법사는 위에서와 같이 '옴 람' 두 자를 공양구 위에 쓰고, '람'자 위신으로 한 그릇이 셀 수 없는 그릇으로 변화되고 한 알의 곡식이 무량한 곡식으로 변화되어 그릇그릇이 다 이와 같고 알알의 곡식이 다 이와 같이 되어 법계에 가득 채워지게 된다고 생각한다.]

시감로수진언 (감로수를 드리는 진언)
施 甘 露 水 眞 言

「나모 소로바야 다타아다야 다냐타
옴 소로소로 바라소로 바라소로
스바하」

[감로수진언을 외울 때, 곧 왼손으로써 물그릇을 잡고 오

른손으로 향 연기의 훈기를 쐬운 양지(버드나무가지)를 잡고 물그릇에 세 번 담갔다 한다.]

일자수륜관진언 (수륜을 관하는 일자 진언)
一 字 水 輪 觀 眞 言

「옴 밤 밤 밤 밤」

[수륜관진언을 외울 때 이 양지로써 '옴 람' 두 자를 물그릇 위에 쓰고 그 물을 세 번 휘 저어 향연기가 물과 합해지게 하고, '람'자의 위력과 신력으로 향해(香海)의 묘수(妙水: 좋은 물)가 유출되어 (그것을) 공중에 두루 뿌린다.]

유해진언 (한량없는 공양이 베풀어지는 진언)
乳 海 眞 言

「나모 사만다 못다남 옴 밤」

[유해진언을 외울 때, 이 양지로 향수를 공양구 위에 뿌리고 공중에 세 번 뿌린다. 또 세 번을 끝내고 가슴에 합장하고 조금 물러나 다섯 진언을 마치고 자리에 나아간다.]

○ 稱揚聖號 (칭양성호: 요령·목탁)

나모다보여래 [삼창]
南 無 多 寶 如 來

원제고혼 파제간탐 법재구족
願 諸 孤 魂 破 除 慳 貪 法 財 具 足

나모다보여래, 모든 고혼 간탐심 없애 버리고 보배로운 법의 재물 갖춰지이다.

나모묘색신여래 [삼칭]
南無妙色身如來

원제고혼 이추루형 상호원만
願諸孤魂 離醜陋形 相好圓滿

나모묘색신여래, 고혼들이 추한 몸 벗어 버리고 원만한 몸매가 이뤄지이다.

나모광박신여래 [삼칭]
南無廣博身如來

원제고혼 사육범신 오허공신
願諸孤魂 捨六凡身 悟虛空身

나모광박신여래, 고혼들이 육도의 범부 몸 벗고 허공 같은 본래의 몸 깨쳐지이다.

나모이포외여래 [삼칭]
南無離怖畏如來

원제고혼 이제포외 득열반락
願諸孤魂 離諸怖畏 得涅槃樂

나모이포외여래, 모든 고혼 두려움을 멀리 떠나서 니르바나 열반락이 누려지이다.

나모감로왕여래 [삼칭]
南無甘露王如來

원아각각 열명혼영 인후개통 획감로미
願我各各 列名魂靈 咽喉開通 獲甘露味

나모감로왕여래, 초청한 모든 혼령 목구멍 열어 감로수의 청량한 맛 얻어지이다.

○ 施食偈(시식게)

원차가지식 보변만시방
願此加持食 普遍滿十方
식자제기갈 득생안양국
食者除飢渴 得生安養國

이 가지 공양이 시방세계 두루 하여 드신 이는 굶주림 없
애고 왕생극락하소서.

시귀식진언 (귀중에게 음식을 베푸는 진언)
施鬼食眞言

「옴 미기 미기 야야 미기 스바하」 [삼편]

보공양진언 (널리 공양하게 하는 진언)
普供養眞言

「옴 아아나 삼바바 바아라 훅」 [삼변]

[사방에 물을 뿌린다.]

열명영가
列命靈駕
원아소주수 변성감로미
願我所呪水 變成甘露味
일적지소첩 중귀개리고
一滴之所沾 衆鬼皆離苦

나의 가지한 물에 감로의 맛이 변화되어
한 방울의 물이 적셔 받으면
여러 가지 고통을 벗어나기를 원합니다.

보회향진언 (널리 회향하는 진언)
普回向眞言

「옴 사마라 사마라 미마나
사라 마하자가라바 훔」[삼편]

[반야심경을 염송하며 마침]

화엄시식
華嚴施食

부감게
赴感偈

불신충만어법계 　 보현일체중생전
佛身充滿於法界 　 普現一切衆生前

수연부감미부주 　 이황처차보리좌 [삼편]
隨緣赴感靡不周 　 而恒處此菩提座

거 사바세계 차사천하 남섬부주 해동
據 娑婆世界 此四天下 南贍部洲 海東

대한민국 ○처 ○산 ○사 수월도량
大韓民國 　處 　山 　寺 水月道場

공화불사
空花佛事

금차 지극정성 생전효행 사후건성
今此 至極精誠 生前孝行 死後虔誠

○기도지후 설향단전 봉청재자
　祈禱之後 蓺香壇前 奉請齋者

당사 주지여 시회사부대중 지심복위
當寺 住持與 時會四部大衆 至心伏爲

각 상서선망 광겁부모 다생사장 누대
各 上逝先亡 曠劫父母 多生師長 累代

종친 원근친척 제형숙백 자매질손 일
宗親 遠近親戚 弟兄叔伯 姉妹姪孫 一

체권속 등중 각 열명영령
切眷屬 等衆 各 列名英靈

차 영단 단상단하 봉안위패 사진등
此 靈壇 壇上壇下 奉安位牌 寫眞等

각 열명영령
各 列名英靈

차사최초 창건이래 지어금일 중건
此寺最初 創建以來 至於今日 重建

중수 화주시주 도감별좌 불전내외
重修 化主施主 都監別座 佛前內外

사사시주 일용범제집물 대소결연
四事施主 日用凡諸什物 大小結緣

일체유공덕주등 각 열위영령
一切有功德主等 各 列位英靈

차 도량내외 동상동하 유주무주 운
此 道場內外 洞上洞下 有主無主 雲

집고혼 비명액사 일체애혼 등중 각
集孤魂 非命厄死 一切哀魂 等衆 各

열위혼령
列位魂靈

제불자등 각 열위영령
諸佛子等 各 列位英靈

철위산간 오무간옥
鐵圍山間 五無間獄

일일일야 만사만생 만반고통
一日一夜 萬死萬生 萬般苦痛

수고함령 등중 각 열위혼령
受苦含靈 等衆 各 列位魂靈

승불신력 내예향단
承佛神力 來詣香壇

동첨법공 증오무생
同霑法供 證悟無生

보방광명향장엄 종종묘향집위장
普放光明香莊嚴 種種妙香集爲帳
보산시방제국토 공양일체대덕존 [저두]
普散十方諸國土 供養一切大德尊

우방광명다장엄 종종묘다집위장
又放光明茶莊嚴 種種妙茶集爲帳
보산시방제국토 공양일체영령중 [저두]
普散十方諸國土 供養一切英靈衆

우방광명미장엄 종종묘미집위장
又放光明米莊嚴 種種妙米集爲帳
보산시방제국토 공양일체고혼중 [저두]
普散十方諸國土 供養一切孤魂衆

우방광명법자재 차광능각일체중
又放光明法自在 此光能覺一切衆
영득무진다라니 실지일체제불법 [저두]
令得無盡陀羅尼 悉持一切諸佛法

법력난사의 대비무장애
法力難思議 大悲無障碍

입립변시방　　보시주법계
粒粒遍十方　　普施周法界

금이소수복　　보첩어귀취
今以所修福　　普沾於鬼趣

식이면극고　　사신생낙처
食已免極苦　　捨身生樂處

보공양진언
普供養眞言
「옴 아아나 삼바바 바아라 훅」 [삼편]

[반야심경 및 경전을 염송하며 마침]

상용시식 [관음시식]
常用施食 觀音施食

[불보살님의 위력에 의지하고 관음보살의 변식진언에 의지하여 당해 혼령들과 무주고혼들에게 공양을 베풀고 혼령들에게 극락세계로 인도하는 의식]

● 擧佛(거불, 스님, 목탁, 불보살님을 청하여 모심)

나모 원통교주 관세음보살 [절]
南無 圓通敎主 觀世音菩薩

나모 도량교주 관세음보살 [절]
南無 道場敎主 觀世音菩薩

나모 원통회상 불보살 [절]
南無 圓通會上 佛菩薩

○ 唱魂(창혼: 초청 혼령를 부르는 의식)

[법사스님, 요령 3하 후 합장]

據 娑婆世界 此四天下 南贍部洲 海東 大韓民國 ○處 ○日 薦度法筵 同參齋者 各各等 伏爲

[요령]

當靈伏爲上世先亡父母 多生師長 累代宗親 弟兄叔伯 姉妹姪孫 遠近親戚 一切哀孤魂佛子等 各 列位靈駕 此道場內外 洞上洞下 有主無主

沈魂滯魄 有主無主 一切哀魂 佛子等 各 列位
靈駕 鐵圍山間 五無間獄 一日一夜 萬死萬生
受苦咸靈等衆 乃至 兼及法界 四生七趣 三途
八難 四恩三有 一切有情無情 哀魂佛子等 各
列位靈駕

[법사스님, 요령 3하 후 합장]

사바세계 차사천하 남섭부주 해동 ○○ 청
정수월도량에서 오늘 ○○를 맞아 지극정성
으로 향단을 차려 영령을 청하는 ○○ 거주
행효자 ○○ 등의 모모 혼령이여,

[요령]

○着語(착어: 혼령를 위한 법문, 법주스님, 합장)

靈源湛寂 無古無今 妙體圓明 何生何死 便是
釋迦世尊 摩竭掩關之時節 達磨大師 少林面壁
之家風 所以 泥蓮河側 槨示雙趺 蔥嶺途中 手
携隻履 諸佛子 還會得 湛寂圓明底 一句麽

[良久, 요령 3하 후, 잠깐 쉬었다가, 합장]

[법사스님, 합장]

신령한 영령의 근원은 맑고 고요해 옛날도

지금도 다시없으며 신묘한 진리는 뚜렷이 밝아 나고 죽음 어디에도 있을까보냐. 이 도리는 석가세존 마가다국에서 묵묵부동 앉아 계신 참 도리이며 달마대사 소림에서 면벽하신 소식이로세. 이 때문에 석가세존 니련 강변에서 관 밖으로 양쪽 발을 내보이셨고, 달마대사 총령고개 넘으시며 짚신 한 짝 들고 가셨네.

혼령시여, 청정하고 고요하며 또렷이 밝은 말을 떠난 이 소식을 아시겠습니까.

[요령 3하 후, 잠깐 쉬었다가, 합장]

俯仰隱玄玄 視聽明歷歷 若也會得 頓證法身 永滅飢虛 其或未然 承佛神力 仗法加持 赴此香壇 受我妙供 證悟無生

굽어보나 우러르나 숨은 뜻은 끝이 없는데 보거나 듣거나 그 진리는 분명하구나. 이 도리를 깨달으면 단박에 법신을 증득하여서 길이길이 굶주림을 벗을 것이나 만일에 그렇지 못하다면 부처님의 신비한 힘 받아들이고 붓다님과 법의 가피력에 의지하여 이 향단에 강림하사 공양을 받으시고 무생법인 큰 깨달음 증득하소서.

● 振鈴偈(진령게: 요령 소리로 청하는 게송)

[법사스님, 요령·목탁]

이차진령신소청 금일혼령보문지
以 此 振 鈴 伸 召 請   今 日 魂 靈 普 聞 知

원승삼보력가지 금일금시래부회
願 承 三 寶 力 加 持   今 日 今 時 來 赴 會

요령 울려 두루 청하오니 (법주)
오늘 부른 혼령들은 듣고 아시고 (바라지)
삼보님의 가피력에 의지하여서 (법주)
오늘의 이 법회에 어서 오소서. (바라지)

[법사스님, 요령]

上來 召請 諸佛子等 各列位魂靈

이상으로 소청한 금일 ○혼령님과
그리고 겸하여 청한 여러 혼령들이여.

○ 表白(표백: 천수주의 공덕을 찬탄함, 다 같이, 요령·목탁)

자광조처연화출 혜안관시지옥공
慈 光 照 處 蓮 花 出   慧 眼 觀 時 地 獄 空

우황대비신주력 중생성불찰나중
又況大悲神呪力 衆生成佛刹那中

자비광명 비추는 곳 연꽃이 피고
지혜눈길 이르는 곳 지옥이 비네.
더군다나 대비신주 의지한다면
중생들이 성불함은 잠깐 사이리.

천수일편위고혼 지심체청
千手一片爲孤魂 至心諦聽

지심체수
至心諦受

혼령 위해 천수 한 편 풍송하나니
지극한 마음으로 듣고 받으십시오.

[다 같이, 요령·목탁]

신묘장구대다라니
神妙章句大陀羅尼

「나모 라다나 다라야야, 나막 알야 바로기제새바라야 모디사다바야, 마하사다바야 마하가로니가야, 옴, 살바 바예수 다라나 가라야, 다사명 나막 까리다바, 이맘 알야바로기제새바라 다바, 니라간타 나막 하리나야 마발다 이샤미, 살발타 사다남, 수반, 아예염, 살바 보다남 바바 말아 미수 다감, 다냐타, 옴, 아로계, 아로가마디, 로가디가란데, 혜혜 하례, 마하모디사다바, 사마라 사마라 하리나야, 구로 구로 갈마 사다야 사다야, 도로 도로 미연데 마하미연데, 다라 다라 다린나례새바라, 자라 자라 마라 미마라, 아마라 몰데, 예혜혜 로계새바라, 라아미사 미나사야, 나베사 미사 미나사야, 모하자라미사 미나사야, 호로 호로 마라, 호로 하례, 바나마나바, 사라 사라 시리 시리 소로 소로, 못댜 못댜 모다야 모다야, 매다리야 니라간타, 가마사 날사남 바라하라나야 마낙 스바하, 싯다야 스바하, 마하싯다야 스바하, 싯다유예새바라야 스바하, 니라간타야 스바하,

바라하목카 싱하목카야 스바하, 바나마 하따야 스바하, 자가라욱다야 스바하, 샹카 섭냐 네모다냐야 스바하, 마하 라구타 다라야 스바하, 바마 사간타 니샤 시체다 가릿나 이나야 스바하, 먀가라 잘마 니바사나야 스바하, 나모 라다나 다라야야, 나막 알야 바로기데새바라야 스바하」 [일·삼편]

[다 같이, 요령·목탁]

○ 破地獄偈(파지옥게)

약인욕요지 삼세일체불
若人欲了知 三世一切佛
응관법계성 일체유심조
應觀法界性 一切唯心造

 삼세 부처님들 가르침 알려 하면
 일체는 마음이 지었다고 관하라.

파지옥진언 (지옥을 깨뜨리는 진언)
破地獄眞言
「옴 가라지야 스바하」[삼편]

해원결진언(원수 맺힘을 푸는 진언)
解寃結眞言

「옴 삼다라 가다 스바하」[삼편]

보소청진언(널리 청하는 진언)
普召請眞言

「나모 보보데리 가리다리 다타아다야」
[삼편]

○ 當求加被(당구가피: 삼보의 가지를 구함)

나모상주시방불
南無常住十方佛

나모상주시방법
南無常住十方法

나모상주시방승[삼편]
南無常住十方僧

나모대자대비구고 관세음보살
南無大慈大悲救苦 觀世音菩薩
[삼편]

나모대방광불화엄경[삼편]
南無大方廣佛華嚴經

● 孤魂請(고혼청: 두 예문 중 한 예문만 택일)

[법사스님, 요령]
一心奉請 實相離名 法身無跡 從緣隱現 若鏡像之有無 隨業昇沈 如井輪之高下 妙變莫測

喚來何難 今此 至意誠心 爲薦齋者 ○○靈駕
願承佛威光 來詣香壇 受霑法供

  실상은 모든 이름 여의었으며 법신은 온갖 자취 없는 가운데 인연 따라 나타내기도 숨기도 함이 거울 속에 비춰진 형상 같으며, 업을 따라 육도를 오르내림이 두레박줄 오르내림과 같이 그 변화 측량하기 어려우나 어찌 다 강림함이 어려우리요. 금일 지장재일 동참재자 등 복위 상세선망 각각열위 혼령님들을 일심으로 받들어 청하오니, 불보살님의 위신력으로 이 향단에 강림하셔서 위없는 법공양을 흠향하소서.

[법사스님, 요령]

一心奉請 生從何處來 死向何處去 生也一片浮雲起 死也一片浮雲滅 浮雲自體本無實 生死去來亦如然 獨有一物常獨露 湛然不隨於生死 今此 至意誠心 設香壇前 奉請齋者 行孝子 ○○
伏爲 所薦亡 父母 ○○靈駕 願承佛威光 來詣香壇 受霑香供

이 세상에 오실 때는 어느 곳에서 오셨으며 이 세상을 이미 하직하셨으니 가신 곳은 그 어느 곳입니까? 태어남은 한 조각의 구름이 일어남이요, 죽음은 한조각의 구름이 사라짐이라 뜬 구름 그 자체가 실없고 덧없나니 나고 죽는 인생사가 뜬구름과 같구나. 혼령의 본래면목 불성은 모든 것이 흩어져도 오로지 홀로 남아 생과 사에 걸림 없는 한 물건입니다. 금일 ○○등은 지성으로 향단을 마련하고 ○○혼령님을 지성으로 받들어 청하오니 부처님의 위력을 입어 향단에 오셔서 법공양을 받으십시오.

향연청 香煙請 [삼편, 법사, 목탁]

'향을 올려 청하옵니다.'

○ 歌詠(가영: 노래로 맞아들임)

[법사스님, 목탁]

제령한진치신망 諸靈限盡致身亡 석화광음몽일장 石火光陰夢一場
삼혼묘묘귀하처 三魂杳杳歸何處 칠백망망거원향 七魄茫茫去遠鄉

혼령님들 명이 다해 떠나셨으니
번개 같은 세월도 한마당의 꿈
삼혼은 아득하니 간 곳 어디며
칠백은 망망하니 고향 가셨소.

[요령]

○受位安座(수위안좌, 합장)

上來召請 諸佛子等 諸佛子等各列位列名靈駕

위로부터 청하는 모든 혼령이여
각각 제자리에 편히 앉으십시오.

[법사스님, 요령]

上來 承佛攝受 仗法加持
旣無因繫以臨筵 願獲逍遙而就座
下有安座之偈 大衆隨言後和

이 자리에 오신 여러 혼령시여.
부처님의 보살피심을 받아
비밀신주를 들으시고 얽어매는 인연 끊고
걸림 없는 자유로운 몸이 되었으니
편안한 자리 이 법연에 임하소서.

[아래 안좌게송을 대중은 말을 따라 화음으로 염송하십시오.]

[다 같이, 목탁]

아금의교설화연 종종진수열좌전
我今依教設華筵 種種珍羞列座前
대소의위차례좌 전심제청연금언
大小依位次第坐 專心諦聽演金言

제가 이제 법에 따라 연화대를 설치하고
자리마다 갖가지 진수를 차렸으니
위아래 차례대로 자리에 앉으시고
일심으로 설하는 가르침을 들으소서.

[법사스님, 요령]

수위안좌진언 (위패를 받아 영단에 안치하고 하는 진언)
受位安座眞言

[다 같이, 요령·목탁]

「옴 마니 군다니 훔 훔 스바하」[삼편]

○ 茶偈(다게: 차를 올리는 게송, 목탁)

[이 때 영단에 나아가 차와 공양을 올리고 절한 뒤, 법주스님에게도 절한다.]

백초임중일미신 조주상권기천인
百草林中一味新 趙州常勸幾千人
팽장석정강심수 원사망령헐고륜
烹將石鼎江心水 願使亡靈歇苦輪

온갖 풀 중 한결같은 신선한 차 맛
조주스님 몇 천 사람 권하였던가?

돌솥에다 맑은 물을 다려 드리니
망령들이 윤회고통 쉬게 하소서.

헌식소
獻食疏

오늘 청하여 모신 모든 혼령시여, 이미 불보살님의 법식에 따라 관욕의 공덕 마치시고 불·법·승 삼보님을 친견하였으니, 다시 정성어린 제사를 받으시고 법희선열로 굶주림을 면하소서. 한 생각 매하지 마시옵고 편안한 마음으로 연화좌에 앉으셔서 제자들의 지극한 정성으로 올린, 이 공양을 받으소서.

혼령이여, 향은 자신을 태워 세상의 악취를 소멸합니다. 법의 향기 가득한 향공양을 받으시고 여러 생에 무단히 살생하고 미워하는 등의 모든 악업을 여의고 다겁생래 덮어두었던 자성의 참모습을 발견하여 깨치소서.

혼령이여, 촛불은 자신을 태워 세상의 어두움을 밝힙니다. 법의 광명 빛나는 등공양을 받으시고 부질없는 허영심과 탐욕의 어두운 마음을 훤히 밝혀 시방의 법계를 자비광명으로 꿰뚫어 보소서.

혼령이여, 맑은 차는 자신을 바쳐 중생의 갈증을 풀어줍니다. 법의 진미 흘러넘치는 차 공양을 받으시고 덧없는 애욕의 갈증을 풀어 다겁생래 윤회의 고통에 시달린 갈증을 벗어나소서.

혼령이여, 꽃과 과일은 자신을 바쳐 세상에 아름다움과 기쁨을 줍니다. 법의 환희 가득한 꽃과 과일 공양을 받으시고 이기심에 찌든 편협한 마음 넉넉하게 하시며 반드시 불과를 이룰 수 있는 거룩한 인연법을 깨치소서.

혼령이여, 진지공양을 흠향하시고 시장함을 영원히 떠나 법희선열로써 배 부르소서. 법다운 공양을 받으신 유주무주 여러 혼령이여, 생사윤회의 고통에서 하루 빨리 벗어나소서. 이 공양은 하늘에서 내린 것도 땅속에서 솟은 것도 아닙니다. 오직 혼령께서 사랑하시는 제자들의 지극 정성으로 올리오니 흠족히 흠향하소서. 이제 신비한 주문 외우니 몸과 마음

편안해지고 업력의 불길 청량하리니 한 마음 한 뜻으로 합장하여 제각기 해탈의 세계를 구하소서.

○ 宣密偈(선밀게, 요령·목탁)

선밀가지 신전윤택
宣密加持 身田潤澤
업화청량 각구해탈
業火清凉 各求解脫

가지를 베푸오니 몸과 마음 윤택해지고
업의 불길 청량해져 해탈을 구하소서.

[다 같이, 요령·목탁]

변식진언
變食眞言
「나막 살바 다타아다 바로기데
 옴 삼바라 삼바라 훔」[삼편]

시감로수진언 (감로수를 드리는 진언)
施甘露水眞言
「나모 소로바야 다타아다야 다냐타
 옴 소로소로 바라소로 바라소로
 스바하」[삼편]

일자수륜관진언 (수륜을 관하는 일자 진언)
一字水輪觀眞言

「옴 밤 밤 밤 밤」[삼편]

유해진언 (젖의 바다와 같이 많아져 공양되는 진언)
乳海眞言

「나모 사만다 못다남 옴 밤」[삼편]

○ 稱揚聖號(칭양성호: 요령·목탁)

나모다보여래
南無多寶如來

　원제고혼 파제간탐 법재구족
　願諸孤魂 破除慳貪 法財具足

　　나모다보여래(삼칭), 모든 고혼이 허망한 탐욕심을 버리고 진리의 공덕이 구족하게 하소서.

나모묘색신여래
南無妙色身如來

　원제고혼 이추루형 상호원만
　願諸孤魂 離醜陋形 相好圓滿

　　나모묘색신여래(삼칭), 모든 고혼 늙고 병들어 못생긴 모습을 벗고 원만한 상호 이루게 하소서.

나모광박신여래
南無廣博身如來

　원제고혼 사육범신 오허공신
　願諸孤魂 捨六凡身 悟虛空身

나모광박신여래(삼칭), 모든 고혼이 윤회하는 범부중생의 몸을 버리고 걸림 없는 불멸의 법신을 이루게 하소서.

나모이포외여래
南無離怖畏如來

원제고혼 이제포외 득열반락
願諸孤魂 離諸怖畏 得涅槃樂

나모이포외여래(삼칭), 모든 고혼이 온갖 두려움에 벗어나 위없는 열반의 즐거움을 누리게 하소서.

나모감로왕여래
南無甘露王如來

원아각각 열명혼령
願我各各 列名魂靈

인후개통 획감로미
咽喉開通 獲甘露味

나모감로왕여래(삼칭), 모든 고혼이 목마르고 허기진 고통 없는 감로의 묘한 공양 맛보게 하소서.

○ 施食偈(시식게)

원차가지식 보변만시방
願此加持食 普遍滿十方

식자제기갈 득생안양국
食者除飢渴 得生安養國

이 가지 공양이 시방세계 두루 하여서
드신 이는 주림과 목마름 덜고
극락세계 태어나소서.

[다 같이, 요령·목탁]

시귀식진언 (귀신들에게 음식을 베푸는 진언)
施鬼食眞言

「옴 미기 미기 야야 미기 스바하」[삼편]

시무차법식진언 (차별 없이 베푸는 진언)
施無遮法食眞言

「옴 목역능 스바하」[삼편]

보공양진언 (널리 공양하게 하는 진언)
普供養眞言

「옴 아아나 삼바바 바아라 훅」[삼편]

발보리심진언 (보리심을 내는 진언)
發菩提心眞言

「옴 모디짓다 못다 바나야믹」[삼편]

보회향진언 (널리 회향하는 진언)
普回向眞言

「옴 사마라 사마라 미마나 사라
마하 자가라바 훔」[삼편]

○ **讚飯偈**(찬반게, 다 같이 요령·목탁)

수아차법식 하이아난찬
受我此法食 何異阿難饌

기장함포만 업화돈청량
飢腸咸飽滿 業火頓淸凉
돈사탐진치 상귀불법승
頓捨貪瞋癡 常歸佛法僧
염념보리심 처처안락국
念念菩提心 處處安樂國

지금 받은 법공양은 아난 찬과 다르지 않고
주린 배는 배부르고 업의 불길 꺼지리다.
탐진치를 떨쳐내고 불법승에 의지하여
보리심을 잊잖으면 모든 곳이 극락이리.

● 如來十號(여래십호: 부처님의 열 가지 명호 칭명: 法施)

[다 같이, 요령·목탁]

여래 응공 정변지 명행족 선서
如來 應供 正遍知 明行足 善逝
세간해 무상사 조어장부 천인사
世間解 無上士 調御丈夫 天人師
불 세존
佛 世尊

○ 般若偈(반야게: 깨달음의 게송, 다 같이 요령·목탁)

범소유상 개시허망
凡所有相 皆是虛妄
약견제상비상 즉견여래
若見諸相非相 卽見如來

무릇 형상 있는 모든 것은 허망하니,
모든 형상이 형상 아님을 보면 바로 여래를 보리라.

○ 法華偈(법화게, 다 같이 요령·목탁)

제법종본래 상자적멸상
諸法從本來 常自寂滅相

불자행도이 내세득작불
佛子行道己 來世得作佛

 모든 것은 끊임없이 변함이니
 순간순간 생겨나서 사라지는 모습일세.
 생기고 사라짐도 다하여 없어지면
 그 자리가 다름 아닌 분명한 극락일세.

○ 無常偈(무상게)

제행무상 시생멸법
諸行無常 是生滅法

생멸멸이 적멸위락
生滅滅己 寂滅爲樂

 항상 함이 없는 마음은 늘 생멸하니
 (마음) 냄도 꺼짐도 끝내면 곧 열반이리라

● 莊嚴念佛(장엄염불, 요령·목탁)

아미타불진금색 상호단엄무등륜
阿彌陀佛眞金色 相好端嚴無等倫

 아미타불 거룩하신 자금색의 찬란한 몸
 단정하고 엄숙하여 비교될 이 따로 없고

백호완전오수미 감목징청사대해
白毫宛轉五須彌 紺目澄淸四大海
　　눈썹 사이 밝은 흰털 수미산을 구르는 듯
　　검푸른 눈 맑은 동자 사대해의 상징인가

광중화불무수억 화보살중역무변
光中化佛無數億 化菩薩衆亦無邊
　　광명 속에 나툰 모습 억만 무수 부처님들
　　화현하신 보살대중 그 수 또한 끝이 없네.

사십팔원도중생 구품함령등피안
四十八願度衆生 九品含靈登彼岸
　　사십팔원 큰 원으로 모든 중생 제도하사
　　구품대로 생명들을 피안으로 들게 했네.

이차예찬불공덕 장엄법계제유정
以此禮讚佛功德 莊嚴法界濟有情
　　이와 같은 부처님의 큰 공덕을 찬탄하니
　　중생들을 건지옵고 법계장엄 이루리다.

임종실원왕서방 공도미타성불도
臨終悉願往西方 共覩彌陀成佛道
　　임종할 때 서방정토 왕생하길 발원하니
　　아미타불 함께 뵙고 불도를 이루네.

극락세계연지중 구품연화여거륜
極樂世界蓮池中 九品蓮華如車輪

극락세계 연꽃 못이 그다지도 아름답고
아홉 품의 연화대는 굴러가는 수레 같네.

미타장육금구립 좌수당흉우수수
彌陀丈六金軀立 左手當胸右手垂

열여섯 자 자금색 몸 아미타불 서계시니
가슴 앞에 왼손 얹고 오른손은 드리웠네.

녹라의상홍가사 금면미간백옥호
綠羅衣上紅袈裟 金面眉間白玉毫

푸른 비단 법복 위에 붉은 가사 수하시고
금빛 얼굴 미간에는 백호광명 찬란하네.

좌우관음대세지 시립장엄심제관
左右觀音大勢至 侍立莊嚴審諦觀

왼쪽에는 관음보살 오른쪽엔 세지보살
시립하여 장엄하고 온 진리를 살피시며

귀명성자관자재 신약금산담복화
歸命聖者觀自在 身若金山薝蔔花

관음보살 대 성존께 일심예경 하옵니다.
금산 같고 우담바라 같으신 거룩한 몸

귀명성자대세지 신지광명조유연
歸命聖者大勢至 身智光明照有緣

세지보살 대 성존께 일심예경 하옵니다.
지혜와 광명으로 인연중생 비추는 몸

삼성소유공덕취 수월진사대약공
三聖所有功德聚 數越塵沙大若空

이 세 분 성현들이 지닌 공덕 모은다면
티끌수를 훨씬 넘고 허공보다 크옵니다.

시방제불함찬탄 진겁불능궁소분
十方諸佛咸讚嘆 塵劫不能窮少分

시방세계 부처님이 모두 함께 찬탄해도
끝이 없는 긴 시간에 일부분도 못 미치리

시고아금공경례
是故我今恭敬禮

제가 이제 공경하는 마음으로 절합니다.

원아진생무별념 아미타불독상수
願我盡生無別念 阿彌陀佛獨相隨

내 목숨 다하도록 다른 생각 아예 없고
애오라지 아미타불 따르기가 소원이니

심심상계옥호광 염념불리금색상
心心常係玉毫光 念念不離金色相

마음에는 옥호광명 한 결 같이 잊지 말고
부처님의 금빛모습 간절하게 생각하여

아집염주법계관 허공위승무불관
我執念珠法界觀 虛空爲繩無不貫

　　제가 염주 손에 잡고 시방법계 두루 관해
　　허공으로 줄 만들어 남김없이 꿰었으니

평등사나무하처 관구서방아미타
平等舍那無何處 觀求西方阿彌陀

　　노사나불 평등광명 안가는 곳 어디이랴
　　서방정토 아미타불 바로관해 구합니다.

나모서방대교주 무량수여래불
南無西方大敎主 無量壽如來佛

나모아미타불 [십념]
南無阿彌陀佛

극락세계십종장엄 (극락세계의 열 가지 장엄)
極樂世界十種莊嚴

법장서원수인장엄 사십팔원원력장엄
法藏誓願修因莊嚴 四十八願願力莊嚴

　　법장비구 원을 세워 인행 닦아 장엄하고
　　마흔여덟 거룩하신 원력으로 장엄하고

미타명호수광장엄 삼대사관보상장엄
彌陀名號壽光莊嚴 三大士觀寶像莊嚴

　　아미타불 이름으로 복과지혜 장엄하고
　　세 분 스승 큰 성인의 보배상호 장엄하고

미타국토안락장엄 보하청정덕수장엄
彌陀國土安樂莊嚴 寶河淸淨德水莊嚴

　　아미타불 극락국토 안락함이 장엄하고

　　맑고 맑은 보배강물 공덕수로 장엄하고

보전여의누각장엄 주야장원시분장엄
寶殿如意樓閣莊嚴 晝夜長遠時分莊嚴

　　여의주의 보배들로 누각궁전 장엄하고

　　낮과 밤이 길고 길어 시간세계 장엄하고

이십사락정토장엄 삼십종익공덕장엄
二十四樂淨土莊嚴 三十種益功德莊嚴

　　이십사 종 즐거움이 정토 가득 장엄하고

　　서른 가지 이익 되는 공덕장엄 이루었네.

미타인행 사십팔원
彌陀因行 四十八願

[아미타 부처님이 보살 인행 때에 닦은 마흔여덟 가지 원]

악취무명원 무타악도원
惡趣無名願 無墮惡道願

　　온갖 악도 이름조차 없어지기 서원하고

　　다시악도 떨어지는 이가 없기 서원하고

동진금색원 형모무차원
同眞金色願 形貌無差願

　　모두 같이 금색 몸이 빛이 나기 서원하고

한결같은 모습으로 차별 없기 서원하고

성취숙명원 생획천안원
成就宿命願　生獲天眼願

숙명통의 신통묘용 성취하기 서원하고
천안통의 신통묘용 획득하기 서원하고

생획천이원 실지심행원
生獲天耳願　悉知心行願

천이통의 신통묘용 획득하기 서원하고
타심통의 신통묘용 훤히 알기 서원하고

신족초월원 정무아상원
神足超越願　淨無我想願

신족통의 신통묘용 뛰어나기 서원하고
나란 생각 다 여의고 청정하기 서원하고

결정정각원 광명보조원
決定正覺願　光明普照願

바른 깨침 확연하게 다 이루기 서원하고
밝은 광명 널리 비춰 한량없기 서원하고

수량무궁원 성문무수원
壽量無窮願　聲聞無數願

무량수명 오래도록 한량없기 서원하고
아라한도 얻는 이가 수도 없기 서원하고

중생장수원 개획선명원
衆生長壽願 皆獲善名願

　　모든 중생 오래도록 장수하기 서원하고
　　모두 같이 착한 이름 획득하기 서원하고

제불칭찬원 십념왕생원
諸佛稱讚願 十念往生願

　　일체 모든 부처님을 찬탄하기 서원하고
　　아미타불 십념으로 왕생하기 서원하고

임종현전원 회향개생원
臨終現前願 回向皆生願

　　임종 시에 아미타불 나타나기 서원하고
　　회향으로 모든 중생 왕생하기 서원하고

구족묘상원 함계보처원
具足妙相願 咸階補處願

　　삼십이상 묘한 상호 구족되기 서원하고
　　모두 같이 일생보처 올라가기 서원하고

신공타방원 소수만족원
晨供他方願 所須滿足願

　　새벽마다 타방 불께 공양하기 서원하고
　　모든 것을 제 스스로 만족하기 서원하고

선입본지원 나라연력원
善入本智願 那羅延力願

부처님의 근본지에 들어가기 서원하고
나라연의 금강신을 모두 얻기 서원하고

장엄무량원 보수실지원
莊嚴無量願　實樹悉知願

장엄함이 무량하여 한량없기 서원하고
보배나무 바라보듯 모두 알기 서원하고

획승변재원 대변무변원
獲勝辯才願　大辯無邊願

수승하온 말재주를 획득하기 서원하고
말재주의 쓰임새가 한량없기 서원하고

국정보조원 무량승음원
國淨普照願　無量勝音願

청정국토 두루 밝게 비추이기 서원하고
거룩한 음성들이 가득하기 서원하고

몽광안락원 성취총지원
蒙光安樂願　成就總持願

광명 받아 안락함을 모두 얻기 서원하고
모두 같이 무생법인 성취하기 서원하고

영리여신원 문명지과원
永離女身願　聞名至果願

영원토록 여인의 몸 받지 않기 서원하고

아미타불 이름 듣고 과를 얻기 서원하고

천인경례원 수의수렴원
天人敬禮願　須衣隨念願

천인들이 공경하며 예배하기 서원하고
생각대로 옷이 절로 입혀지기 서원하고

자생심정원 수현불찰원
纔生心淨願　樹現佛刹願

제 스스로 그 마음이 조촐하기 서원하고
보배나무 관하여서 정토보기 서원하고

무제근결원 현증등지원
無諸根缺願　現證等持願

결함 없이 모든 육근 구족되기 서원하고
모두 같이 청정하온 해탈 얻기 서원하고

문생호귀원 구족선근원
聞生豪貴願　具足善根願

훌륭하고 귀한 몸을 모두 얻기 서원하고
좋은 마음 모두 같이 구족하기 서원하고

공불견고원 욕문자문원
供佛堅固願　欲聞自聞願

부처님께 공양함이 견고하기 서원하고
듣고 싶은 법문들을 모두 듣기 서원하고

보리무퇴원 현획인지원
菩提無退願 現獲忍地願

깨달음의 자리 아니 물러서기 서원하고
법인 얻어 영원토록 퇴전 않기 서원하네.

제불보살 십종대은
諸佛菩薩 十種大恩

(모든 불보살의 열 가지 큰 은혜)

발심보피은 난행고행은
發心普被恩 難行苦行恩

중생 위해 발심하신 끝도 없는 넓은 은혜
어려운 일 고달픈 행 한길같이 닦은 은혜

일향위타은 수형육도은
一向爲他恩 隨形六途恩

언제든지 남을 위해 애쓰시고 도운 은혜
온갖 형상 나타내어 육도 중에 나툰 은혜

수축중생은 대비심중은
隨逐衆生恩 大悲深重恩

중생들의 근기 따라 구원하려 애쓴 은혜
한량없는 대비심이 깊고 또한 중한 은혜

은승창열은 위실시권은
隱勝彰劣恩 爲實示權恩

중생들을 섭수하려 수승함을 숨긴 은혜

참된 진리 펴시려고 방편교를 쓰신 은혜

시멸생선은 비념무진은
示滅生善恩 悲念無盡恩

착한마음 내게 하려 열반모습 보인 은혜
자비심이 다함없어 한량없이 내신 은혜

보현보살 십종대원
普賢菩薩 十種大願

(보현보살님의 열 가지 큰 원력)

예경제불원 칭찬여래원
禮敬諸佛願 稱讚如來願

시방세계 부처님께 예경하기 원하오며
시방세계 모든 여래 칭찬하기 원하오며

광수공양원 참제업장원
廣修供養願 懺除業障願

시방 모든 부처님께 공양하기 원하오며
참회하여 모든 업장 소멸되기 원하오며

수희공덕원 청전법륜원
隨喜功德願 請轉法輪願

다른 이가 지은공덕 기뻐하기 원하오며
부처님께 법문하심 간청하기 원하오며

청불주세원 상수불학원
請佛住世願 常隨佛學願

부처님이 항상 계셔 주시옵기 원하오며
부처님을 항상 따라 공부하기 원하오며

항순중생원 보개회향원
恒順衆生願 普皆廻向願

중생들의 근기 따라 수순하기 원하오며
지은 공덕 중생에게 회향하기 원합니다.

석가여래 팔상성도
釋迦如來 八相成道

[석가모니 부처님의 여덟 가지 역사적 전기]

도솔내의상 비람강생상
兜率來儀相 毘藍降生相

도솔천서 백상 타고 인간모태 드신 모습
룸비니의 동산에서 사자후의 탄생 모습

사문유관상 유성출가상
四門遊觀相 踰城出家相

사대문을 둘러보고 삶의 무상 아신 모습
한밤중에 성을 넘어 비장하신 출가 모습

설산수도상 수하항마상
雪山修道相 樹下降魔相

설산에서 육년 고행 도를 닦는 수행 모습
보리수하 마군 중을 항복받는 성도 모습

녹원전법상 쌍림열반상
鹿苑轉法相　雙林涅槃相

　　녹원에서 법을 처음 전하시는 전도 모습
　　사라쌍수 아래에서 세상 뜨신 열반 모습

다생부모 십종대은 (부모님의 열 가지 큰 은혜)
多生父母　十種大恩

회태수호은 임산수고은
懷胎守護恩　臨産受苦恩

　　태에 품어 목숨 걸고 보호하여 주신 은혜
　　낳으실 때 괴로움을 참아내어 견딘 은혜

생자망우은 연고토감은
生子忘憂恩　咽苦吐甘恩

　　갓난아기 낳은 뒤에 모든 근심 잊은 은혜
　　쓴 것 골라 자기 먹고 단 것 찾아 먹인 은혜

회간취습은 유포양육은
廻乾就濕恩　乳哺養育恩

　　마른자리 아기 뉘고 젖은 데로 가신 은혜
　　젖과 밥과 약으로써 양육하여 주신 은혜

세탁부정은 원행억념은
洗濯不淨恩　遠行憶念恩

　　더러운 것 싫다 않고 갈아주고 씻긴 은혜
　　먼 길 갔다 올 때까지 걱정하며 애쓴 은혜

위조악업은 구경연민은
爲造惡業恩 究竟憐愍恩

자식 위해 몹쓸 짓도 마다 않고 행한 은혜
어른 되어 장성해도 가엾어서 하는 은혜

오종대은 명심불망(다섯 가지 큰 은혜)
五種大恩 銘心不忘

각안기소국가지은 생양구로부모지은
各安其所國家之恩 生養劬勞父母之恩

각처에서 편안하게 살게 해 준 나라 은혜
낳아주고 길러주신 하늘같은 부모 은혜

유통정법사장지은 사사공양단월지은
流通正法師長之恩 四事供養檀越之恩

바른 진리 일러주고 깨쳐주신 스승 은혜
의식주와 양약 공양 베풀어준 시주 은혜

탁마상성붕우지은 당가위보유차염불
琢磨相成朋友之恩 當可爲報唯此念佛

함께 닦고 부딪히며 성장시킨 친구 은혜
이 은혜를 갚기 위해 지극정성 염불하리.

고성염불 십종공덕
高聲念佛 十種功德

[높은 소리로 염불하는 열 가지 공덕]

일자공덕능배수면 이자공덕천마경포
一者功德能排睡眠 二者功德天魔驚怖

밀려오는 졸음 쫓아 정신 맑힌 일자공덕

마군중이 깜짝 놀라 도망가는 이자공덕

삼자공덕성변시방 사자공덕삼도식고
三者功德聲遍十方 四者功德三途息苦

염불소리 시방 가득 장엄하는 삼자공덕

지옥아귀 축생들이 고통 쉬는 사자공덕

오자공덕외성불입 육자공덕염심불산
五者功德外聲不入 六者功德念心不散

바깥 경계 온갖 소리 장애 없는 오자공덕

염불하는 그 마음이 산란 없는 육자공덕

칠자공덕용맹정진 팔자공덕제불환희
七者功德勇猛精進 八者功德諸佛歡喜

용맹스런 대정진이 이뤄지는 칠자공덕

시방세계 부처님들 기뻐하는 팔자공덕

구자공덕삼매현전 십자공덕왕생정토
九者功德三昧現前 十者功德往生淨土

염불삼매 뚜렷하게 나타나는 구자공덕

마침내는 극락정토 왕생하는 십자공덕

청산첩첩미타굴 창해망망적멸궁
靑山疊疊彌陀窟 滄海茫茫寂滅宮

첩첩 싸인 푸른 산은 아미타불 전당이요
망망대해 푸른 바다 부처님의 적멸보궁

물물염래무가애 기간송정학두홍
物物拈來無罣碍 幾看松頂鶴頭紅

두두 물물 일체 것에 걸림 없다면
푸른 솔 위 홍학머리 보게 되리라

극락당전만월용 옥호금색조허공
極樂堂前滿月容 玉毫金色照虛空

극락세계 아미타불 만월 같은 모습으로
백호금빛 찬란한 몸 온 우주를 비추나니

약인일념칭명호 경각원성무량공
若人一念稱名號 頃刻圓成無量功

누구든지 일념으로 그 이름을 칭명하면
잠깐 사이 깨달아서 무량공덕 이루리라

삼계유여급정륜 백천만겁역미진
三界猶如汲井輪 百千萬劫歷微塵

삼계고해 윤회하기 두레박이 돌듯하여
백천만겁 지나도록 끝이 없이 돌고 도네

차신불향금생도 갱대하생도차신
此身不向今生度 更待何生度此身

이생에서 이 몸으로 제도하지 못한다면
어느 생을 기다려서 이 몸 제도 하려는가

천상천하무여불 시방세계역무비
天上天下無如佛 十方世界亦無比

하늘 위나 하늘아래 부처 같은 이 없으며
시방세계 어느 뉘라 비교할 자 있을 손가.

세간소유아진견 일체무유여불자
世間所有我盡見 一切無有如佛者

온 세상을 두루두루 남김없이 살펴봐도
우리 부처 세존만큼 거룩한 이 없으시네.

찰진심념가수지 대해중수가음진
刹塵心念可數知 大海中水可飮盡

티끌수와 마음속을 남김없이 헤아리고
큰 바다의 모든 물을 남김없이 다 마시며

허공가량풍가계 무능진설불공덕
虛空可量風可繫 無能盡說佛功德

저 허공을 가늠하고 부는 바람 얽는데도
부처님의 무량공덕 다 말할 수 없사오리.

가사정대경진겁 신위상좌변삼천
假使頂戴經塵劫 身爲牀座徧三千

설령 경을 높이 이고 티끌수의 겁을 돌고

이 몸으로 법상지어 대천세계 두루 해도

약불전법도중생 필경무능보은자
若不傳法度衆生 畢竟無能報恩者

부처님 법 안 전하고 중생제도 아니하면
어떻게도 부처은혜 갚을 길이 없게 되네.

아차보현수승행 무변승복개회향
我此普賢殊勝行 無邊勝福皆回向

제가 이제 넓고 넓은 거룩하신 행원으로
가없고 끝없는 드높은 복 회향하고

보원침익제중생 속왕무량광불찰
普願沈溺諸衆生 速往無量光佛刹

고통에든 모든 중생 빠짐없이 구제하여
아미타불 극락세계 왕생하게 하오리다.

아미타불재하방 착득심두절막망
阿彌陀佛在何方 着得心頭切莫忘

아미타불 부처님이 어느 곳에 계시는가.
마음속에 꼭 붙들어 잊지 말고 생각하되

염도염궁무념처 육문상방자금광
念到念窮無念處 六門常放紫金光

생각 다한 무염처에 이르게 되면
눈 귀 코 혀 몸 뜻에서 자금광을 발하리라

보화비진요망연 법신청정광무변
報化非眞了妄緣 法身淸淨廣無邊

보신화신 참 아니니 망령된 연 끝내 알면
법신이 청정하여 광대무변 하온지라

천강유수천강월 만리무운만리천
千江有水千江月 萬里無雲萬里天

일천 강에 물 있으면 일천 강에 달이 뜨고
만 리에 구름 없어 만 리가 하늘이리.

원공법계제중생 동입미타대원해
願共法界諸衆生 同入彌陀大願海

원하건대 시방법계 모든 중생 한가지로
모두 함께 아미타불 대원해에 들어가서

진미래제도중생 자타일시성불도
盡未來際度衆生 自他一時成佛道

미래세가 다하도록 무량중생 제도하고
너와 남이 한꺼번에 불도를 이루리다.

나모서방정토 극락세계 삼십육만
南無西方淨土 極樂世界 三十六萬
억 일십일만 구천오백 동명동호
億 一十一萬 九千五百 同名同號
대자대비 아미타불
大慈大悲 阿彌陀佛

나모문수보살 　　나모보현보살
南無文殊菩薩 　　南無普賢菩薩

나모관세음보살 　나모대세지보살
南無觀世音菩薩 　南無大勢至菩薩

나모금강장보살 　나모제장애보살
南無金剛藏菩薩 　南無除障碍菩薩

나모미륵보살 　　나모지장보살
南無彌勒菩薩 　　南無地藏菩薩

나모일체청정대해중보살마하살
南無一切淸淨大海衆菩薩摩訶薩

원공법계제중생 동입미타대원해
願共法界諸衆生 同入彌陀大願海

법계 모든 중생들이 함께 같이
아미타불 대원해로 들어가게 하옵소서.

○大慈菩薩發願偈(대자보살발원게)

시방삼세불 아미타제일
十方三世佛 阿彌陀第一

구품도중생 위덕무궁극
九品度衆生 威德無窮極

시방삼세 부처님 중 아미타불 제일이니
구품으로 제도중생 그 위덕이 한이 없네.

아금대귀의 참회삼업죄
我今大歸依 懺悔三業罪

상용시식[관음시식]

범유제복선 지심용회향
凡有諸福善 至心用回向

제가 이제 귀의하여 삼업 죄를 참회하고
모든 복과 선행모아 마음 다해 회향하니

원동염불인 진생극락국
願同念佛人 盡生極樂國

견불요생사 여불도일체
見佛了生死 如佛度一切

염불하는 모든 사람 극락왕생 이뤄지고
임종 시에 부처 뵙고 일체중생 건지오리

원아임욕명종시 진제일체제장애
願我臨欲命終時 盡除一切諸障碍

내 목숨 다 마치는 그 순간에
일체 모든 장애들을 남김없이 없애고서

면견피불아미타 즉득왕생안락찰
面見彼佛阿彌陀 卽得往生安樂刹

아미타불 거룩한 몸 눈앞에서 친견하고
순식간에 안락하온 극락왕생 하여지다

원이차공덕 보급어일체
願以此功德 普及於一切

아등여중생 개공성불도
我等與衆生 皆共成佛道

○ 願往生偈(원왕생게)

원왕생 원왕생 왕생극락견미타
願 往 生　願 往 生　往 生 極 樂 見 彌 陀

획몽마정수기별
獲 蒙 摩 頂 受 記 別

극락왕생 원하옵고 극락왕생 원하오니
극락정토 태어나서 아미타불 친견하고
저의 이마 만지시며 수기 받기 원합니다.

원왕생 원왕생 원재미타회중좌
願 往 生　願 往 生　願 在 彌 陀 會 中 坐

수집향화상공양
手 執 香 華 常 供 養

극락왕생 원하옵고 극락왕생 원하오니
아미타불 극락정토 회상 중에 자리하여
언제든지 연꽃공양 올리고자 원합니다.

원왕생 원왕생 왕생화장연화계
願 往 生　願 往 生　往 生 華 藏 蓮 華 界

자타일시성불도
自 他 一 時 成 佛 道

극락왕생 원하옵고 극락왕생 원하오니
연화장의 극락세계 모두 함께 태어나서
너 나 없이 한꺼번에 성불하길 원합니다.

계수서방안락찰 접인중생대도사
稽首西方安樂刹 接引衆生大導師
아금발원원왕생 유원자비애섭수
我今發願願往生 唯願慈悲哀攝受

서방정토 안락세계 중생 맞아 이끄시는
아미타불 대도사께 머리 숙여 예배하며
제가 이제 극락에 왕생하기 원하오며
자비하신 원력으로 섭수하여 주옵소서.

● 奉安偈(봉안게: 위패 봉안시의 게송, 법사스님 요령·목탁)

생전유형질 사후무종적
生前有形質 死後無從跡
청입법왕궁 안심좌도량
請入法王宮 安心坐道場

살아생전 형상이 죽은 후에 종적이 없으니,
법의 궁전 드시고 도량에서 안심하소서.

[위패 봉안 때는 여기서 마침, 보회향진언 가함]

● 奉送偈(봉송게: 혼령을 전송하는 게송)

[위패를 들고 부처님 전을 향하여 선다. 법사스님, 목탁]

봉송고혼계유정 지옥아귀급방생
奉送孤魂洎有情 地獄餓鬼及傍生
아어타일건도량 불위본서환래부
我於他日建道場 不違本誓還來赴

고혼들과 삼악도의 일체 유정들과
혼령님을 받들어 보내오니
저희들이 다음에 시식도량 세우면
본래 서원 잊지 말고 다시 오소서.

[요령]

기수향공 이청법음 금당봉송
既受香供 已聽法音 今當奉送

갱의건성 봉사삼보
更宜虔誠 奉謝三寶

향기로운 공양을 받고 미묘한 법문 들으셨으니 이 자리 하직함에 정성들여 삼보님께 예경하소서.

[다 같이, 목탁]

보례시방상주불 [절]
普禮十方常住佛

보례시방상주법 [절]
普禮十方常住法

보례시방상주승 [절]
普禮十方常住僧

○行步偈(행보게: 극락으로 걸음을 떼는 게송, 법사스님 합장)

이행천리만허공 귀도정망도정방
移行千里滿虛空 歸途情忘到淨邦

삼업투성삼보례 성범동회법왕궁
三業投誠三寶禮 聖凡同會法王宮

허공 끝까지 닿은 천리 길 떠나시어
가시다가 정만 잊으면 그곳이 정토입니다.
삼업을 기울여 삼보께 예배하시고
범부성인 다 함께 법왕궁서 만납시다.

[다 같이, 목탁]

산화락 [삼편]
散花落

나모대성인로왕보살 [절]
南無大聖引路王菩薩

나모대성인로왕보살 [절]
南無大聖引路王菩薩

나모대성인로왕보살마하살 [절]
南無大聖引路王菩薩摩訶薩

[법주, 상주, 대중 순으로 법성게를 외우며 소대로 나감]

○ **法性偈**(법성게, 법사스님 요령·목탁, 199쪽 활용)

● **餞送**(소대에 이르러 전송함. 법사스님, 요령)

今此門外 奉送齋者 行孝子 ○○伏爲 所薦亡
父母 ○○靈駕

乃至無盡諸爲佛子等 各列名靈駕

이제 소대에 이르러서 전송하오니, 오늘 천도 받은 혼령이시여, 아울러 천도 받은 모든 혼령이시여.

[요령]

상래 시식풍경 염불공덕
上來 施食諷經 念佛功德

이망연야 불리망연야
離妄緣耶 不離妄緣耶

이망연즉 천당불찰 임성소요
離妄緣則 天堂佛刹 任性逍遙

불리망연즉 차청산승 말후일게
不離妄緣則 且聽山僧 末後一偈

이제까지 베푼 법요의 의식에 의지하여 마음 속의 망연을 다 여의셨습니까?

망연을 다 여의셨거든 천당이나 극락세계에 마음대로 왕생하시어 법락을 누리옵소서.

만약에 조금이라도 미진한 망령된 인연이 있으시면 다음의 게송을 귀담아 들으십시오.

○ 日月偈(일월게)

사대각리여몽중 육진심식본래공
四大各離如夢中 六塵心識本來空

욕식불조회광처 일락서산월출동
欲識佛祖回光處 日落西山月出東

사대가 흩어지니 간밤의 꿈이요
육진육식 얽힘 또한 본래 공이다.
불조께서 깨치신 경지 아시겠습니까.
서쪽으로 해가 지고 동쪽에서 달이 솟네.

○ **諷誦加持**(풍송가지 염불에 의지하여 극락왕생발원, 요령·목탁)

시방삼세일체제불
十方三世一切諸佛

제존보살마하살
諸尊菩薩摩訶薩

마하반야바라밀
摩訶般若波羅蜜

[**願往生偈**(원왕생게) 云云]

[다 같이, 요령·목탁]

소전진언(금·은전, 체전, 위패 등을 사르는 진언)
燒錢眞言
「옴 비로기제 스바하」[삼편]

봉송진언(받들어 보내는 진언)
奉送眞言
「옴 바아라 사다 목차목」[삼편]

상품상생진언 (부처님 세계로 태어나게 하는 진언)
上品上生眞言

「옴 마리다리 흠흠 바탁 스바하」[삼편]

[다 같이, 요령·목탁]

○ 處世間偈(처세간게)

처세간여허공 여련화불착수
處世間如虛空 如蓮華不着水
심청청초어피 계수례무상존
心清清超於彼 稽首禮無上尊

허공에 살 듯이 세상에 살아가며

물이 젖지 않는 연꽃처럼 그러하며

마음이 청정하여 피안에 건너가서

위없는 불법승에 고개 숙여 예배하소서.

귀의불 귀의법 귀의승
歸依佛 歸依法 歸依僧
귀의불법승 삼보이경
歸依佛法僧 三寶己竟

선보운정 복유진중
善步雲程 伏惟珍重

구름길에 잘 오르셔서 안녕히 가십시오.

보회향진언 普回向眞言 (널리 회향하는 진언, 다 같이, 요령·목탁)

「옴 사마라 사마라 미마나 사라
마하 자가라바 훔」[삼편]

[다 같이, 요령 · 목탁, 3설 3배]

○ 破散偈(파산게)

화탕풍요천지괴 요요장재백운간
火 蕩 風 搖 天 地 壞　寥 寥 長 在 白 雲 間

일성휘파금성벽 단향불전칠보산
一 聲 揮 破 金 城 壁　但 向 佛 前 七 寶 山

불이 타고 바람 불어 천지가 무너져도
고요히 백운 사이 오래 머무네.
한소리에 금성철벽 부숴버리고
부처님 전 칠보산을 향하옵니다.

● 脫服式(탈복식)

[제자들은 차례로 나와 탈복의식을 한다. 시간에 따라 불설소재 길상다라니, 반야심경, 해탈주, 십념, 금강경찬 등을 염송할 수도 있다.]

[다 같이, 요령 · 목탁]

● **擧佛廻向**(거불회향, 불전을 향해 봉행)

나모환희장마니보적불 [절]
南無歡喜藏摩尼寶積佛

나모원만장보살마하살 [절]
南無圓滿藏菩薩摩訶薩

나모회향장보살마하살 [절]
南無回向藏菩薩摩訶薩

[반야심경 염송]

칠칠재 염송경
七七齋 念誦經

염송의식

정구업진언
淨口業眞言
「수리수리 마하수리 수수리 스바하」[삼편]

오방내외 안위제신진언
五方內外 安慰諸神眞言
「나모 사만다 못다남 옴 도로도로 지미 스바하」[삼편]

개경게
開經偈

무상심심미묘법   높고 깊은 부처님법
無上甚深微妙法

백천만겁난조우   만나기가 어려우나
百千萬劫難遭遇

아금견문득수지   제가 이제 뵙고 들어
我今見聞得受持

원해여래진실의   참된 의미 깨치리다.
願解如來眞實義

개법장진언
開法藏眞言
「옴 아라남 아라다」[삼편]

영가시어

[돌아가신 분에게 제법의 실상을 보여주어
깨달음으로 인도하는 법문]

영가시여 저희들이 일심으로 염불하니
무명업장 소멸하고 반야지혜 드러내어
생사고해 벗어나서 해탈열반 성취하사
극락왕생 하옵시고 모두성불 하옵소서
사대육신 허망하여 결국에는 사라지니
이육신에 집착밀고 참된도리 깨달으면
모든고통 벗어나고 부처님을 친견하리
살아생전 애착하던 사대육신 무엇인고
한순간에 숨거두니 주인없는 목석일세
인연따라 생긴것은 인연따라 흩어지니
태어남도 인연이요 돌아감도 인연인걸
그무엇을 애착하고 그무엇을 슬퍼하랴
몸뚱이를 가진자는 그림자가 따르듯이
일생동안 살다보면 죄없다고 말못하리
죄의실체 본래없어 마음따라 생겨나니

마음씀이	없어질때	죄업역시	사라지네
죄란생각	없어지고	마음또한	텅비워서
무념처에	도달하면	참회했다	말하리라
한마음이	청정하면	온세계가	청정하니
모든업장	참회하여	청정으로	돌아가면
영가님이	가시는길	광명으로	가득하리
가시는길	천리만리	극락정토	어디인가
번뇌망상	없어진곳	그자리가	극락이니
삼독심을	버리고서	부처님께	귀의하면
무명업장	벗어나고	극락세계	왕생하리
제행은	무상이요	생자는	필멸이라
태어났다	죽는것은	모든생명	이치이니
임금으로	태어나서	온천하를	호령해도
결국에는	죽는것을	영가님은	모르는가
영가시여	어디에서	이세상에	오셨다가
가신다니	가시는곳	어디인줄	아시는가
태어났다	죽는것은	중생계의	흐름이라
이곳에서	가시면은	저세상에	태어나니
오는듯이	가시옵고	가는듯이	오신다면

이육신의　마지막을　걱정할것　없으리다
일가친척　많이있고　부귀영화　높았어도
죽는길엔　누구하나　힘이되지　못한다네
맺고쌓은　모든감정　가시는길　짐되오니
염불하는　인연으로　남김없이　놓으소서
미웠던일　용서하고　탐욕심을　버려야만
청정한　　마음으로　불국정토　가시리라
삿된마음　멀리하고　미혹함을　벗어나야
반야지혜　이루시고　왕생극락　하오리다
본마음은　고요하여　옛과지금　없다하니
태어남은　무엇이고　돌아감은　무엇인가
부처님이　관밖으로　양쪽발을　보이셨고
달마대사　총령으로　짚신한짝　갖고갔네
이와같은　높은도리　영가님이　깨달으면
생과사를　넘겠거늘　그무엇을　슬퍼하랴
뜬구름이　모였다가　흩어짐이　인연이듯
중생들의　생과사도　인연따라　나타나니
좋은인연　간직하고　나쁜인연　버리시면
이다음에　태어날때　좋은인연　만나리라

사대육신 흩어지고 업식만을 가져가니
탐욕심을 버리시고 미움또한 거두시며
사견마저 버리시어 청정해진 마음으로
부처님의 품에안겨 왕생극락 하옵소서
돌고도는 생사윤회 자기업을 따르오니
오고감을 슬퍼말고 환희로써 발심하여
무명업장 밝히시면 무거운짐 모두벗고
삼악도를 뛰어넘어 극락세계 가오리다
이세상에 처음올때 영가님은 누구셨고
사바일생 마치시고 가시는이 누구신가
물이얼어 얼음되고 얼음녹아 물이되듯
이세상의 삶과죽음 물과얼음 같사오니
육신으로 맺은인연 가벼웁게 거두시고
청정해진 업식으로 극락왕생 하옵소서
영가시여 사바세계 일생동안 짓고지은
모든죄업 남김없이 부처님께 참회하고
한순간도 잊지않고 부처님을 생각하면
가고오는 곳곳마다 그대로가 극락이니
첩첩싸인 푸른산은 부처님의 도량이요

맑은하늘   흰구름은   부처님의   발자취며
뭇생명의   노래소리   부처님의   설법이고
대자연의   고요함은   부처님의   마음이니
불심으로   바라보면   온세상이   불국토요
범부들의   마음에는   불국토가   사바로다
애착하면   사바일생   하룻밤의   꿈만같고
나다너다   모든분별   본래부터   공이거니
빈손으로   오셨다가   빈손으로   가시거늘
그무엇에   얽매여서   극락왕생   못하시나
저희들이   일심으로   독송하는   진언따라
지옥세계   무너지고   맺은원결   풀어지며
아미타불   극락세계   상품상생   하옵소서

상품상생진언 (극락세계에 나시기를 원하는 진언)
上 品 上 生 眞 言

「옴 마니다니 훔훔 바닥 스바하」[삼편]

저희들이 지성으로 합장하고 머리숙여
부처님께 원하오니 대자비를 내리시어
오늘영가 극락왕생 하시도록 굽어살펴
주옵소서.

대보부모은중경

 이와 같이 나는 들었습니다.

 한 때 부처님께서는 사위국[왕사성] 기원정사에서 삼만팔천 인의 많은 비구와 보살마하살들과 함께 계셨습니다.

 그때에 세존은 대중을 거느리고 남쪽으로 나아가시다가 한 무더기 마른 뼈를 보셨습니다. 이때 여래께서는 오체를 땅에 엎드려 마른 뼈에 절을 하였습니다.

 대중 가운데 있던 아난이 세존께 사뢰었습니다.

 "세존이시여, 여래께서는 여러 사람들이 귀의하고 공경하는 삼계의 큰 스승이며 사생의 자비로운 어버이시온데 어찌하여 마른 뼈에 절을 하십니까?"

 부처님께서 아난에게 말씀하셨습니다.

 "그대가 비록 출가한 지 오래된 나의 뛰

어난 제자이지만 아직 널리 알지 못하는구나. 이 한 무더기 마른 뼈는 전생의 조부모이거나 오랜 세월에 걸친 인연 있는 부모님의 뼈일 수도 있을 것이다. 그래서 내가 지금 예배하였다."

부처님께서 다시 아난에게 이르셨습니다.

"그대는, 이 한 무더기 마른 뼈를 둘로 나누어 보아라. 만일 남자의 뼈라면 희고 무거울 것이며, 만일 여자의 뼈라면 검고 가벼울 것이다."

아난이 부처님께 아뢰었습니다.

"세존이시여, 남자는 이 세상에 있을 때에 큰 옷을 입고 띠를 두르고 신을 신고 모자를 쓰고 다니므로 남자인 줄 알 수 있고, 여자는 이 세상이 있을 때에 붉은 주사와 연지를 곱게 바르고 향수로 치장하고 다니므로 여자인 줄 알 수 있을 것입니다. 그러나 사후의 백골은 남녀가 같을 터인데, 제자에게 어떻게 알아보라고 하시는지요."

부처님께서 아난에게 말씀하셨습니다.

"만일 남자라면 이 세상에 있을 때 절에 가서 법문도 듣고 경도 외우며 삼보께 예배도 하고 부처님의 이름도 생각하였을 것이므로 뼈가 희고 또 무거울 것이며, 여인은 이 세상에 있을 때 정욕에 뜻을 두며, 아들을 낳고 딸을 기르되 한번 아이를 낳을 때에 서 말 서 되나 되는 많은 피를 흘리며 여덟 섬 너 말이나 되는 흰 젖을 먹여야 하므로 뼈가 검고 가벼울 것이다."

아난이 이 법문을 듣고, 칼로 가슴을 베인 듯 눈물을 흘리며 슬피 울면서 부처님께 사뢰었습니다.

"세존이시여, 어떻게 해야 어머니의 은덕을 갚을 수 있습니까?"

부처님께서 아난에게 말씀하셨습니다.

"그대는 잘 들어라. 여래는 이제 그대들을 위해 분별하여 해설하리라. 어머니가 자식을 잉태하면 열 달 동안은 몹시 괴롭다.

어머니가 아이를 가진 지 한 달이 되면, (그 기운이) 마치 풀잎에 맺힌 이슬과 같아서 아침에는 있었다가 저녁에는 없어질 수도 있고, 이른 새벽에는 기운이 모였다가 한낮이 되면 사라지는 것과 같다.

어머니가 아이를 가진 지 두 달이 되면 (그 기운이) 우유를 끓였을 때 엉킨 모양과 같다.

어머니가 아이를 가진 지 석 달이 되면, (그 기운이) 마치 엉긴 피와 같다.

어머니가 아이를 가진 지 넉 달이 되면, 차츰 사람의 모양을 이룬다.

어머니가 아이를 가진 지 다섯 달이 되면 어머니 뱃속의 아이에게는 다섯 부분의 모양이 생긴다. 무엇이 다섯 부분인가. 즉 머리가 한 부분이요, 두 팔을 합치면 세 부분이 되며, 두 무릎까지를 합해 '다섯 부분'이라고 한다.

어머니가 아이를 가진 지 여섯 달이 되면, 그 아이는 어머니 뱃속에서 여섯 가지 정기(精氣)가 열린다. 무엇을 여섯 정기라고 하는가. 첫째 눈이 한 정기요, 둘째 귀가 한 정기며, 셋째 코가 한 정기요, 넷째 입이 한 정기요, 다섯째 혀가 한 정기요, 여섯째는 뜻[意]이 한 정기이다.

어머니가 아이를 가진 지 일곱 달이 되면, 그 아이는 어머니 뱃속에서 삼백육십 뼈마디와 팔만사천 털구멍이 생긴다.

어머니가 아이를 가진 지 여덟 달이 되면, 아이에게 뜻과 슬기가 생기며, 몸에 있는 아홉 구멍이 자라난다.

어머니가 아이를 가진 지 아홉 달이 되면, 아이는 어머니 뱃속에서 무엇인가를 먹기 시작한다. 그러므로 어머니는 복숭아와 배, 마늘은 먹지 말고, 오곡만을 먹어야 한다. 어머니의 위장과 소장[생장]은 아래로 향하고 대장[숙장]은 위로 향하여 있는 사이에,

한 더미 산이 있는데, 수미산, 업산, 혈산의 세 가지 이름으로 불린다. 이 산이 한번 무너지면 이것이 한줄기 핏줄로 변하여 아이의 입 속으로 흘러 들어간다.

어머니가 아이를 가진 지 열 달이 되면, 아이는 마침내 세상으로 나온다. 만일 효성스럽고 순한 자식이 될 아이라면 주먹으로 제 몸을 받치고 손바닥을 마주 잡고서 나온다. 그래서 어머니의 몸을 상하지 않게 한다.

만일 다섯 가지 거슬리는 일을 저지를 아이라면, 어머니의 포태를 깨치고 손으로 어머니의 염통과 간을 잡아뜯고 또 발로 어머니의 골반 뼈를 밟아 마치 천 개나 되는 칼을 휘둘러 어머니 뱃속을 에는 것같이 하고, 또 만 개나 되는 송곳으로 가슴을 쑤시는 것같이 한다. 이렇듯 어머니를 고통스럽게 하며 이 몸이 태어났지만 (어머니는) 오히려 (아이에게) 열 가지 은혜를 더 베푼다.

첫째는 아이를 가지고 지키며 보호해 준 은혜이다.

노래로 이르셨습니다.

여러 겁에 이어지는 무거운 인연
금생에도 모태에 다시 의지해
달수가 차갈수록 오장 생기고
일곱 달이 지나면 육정 열리네.

어머니 몸 태산같이 무거워지고
움직일 때 찬바람이 무서워지며
비단옷 도무지 걸치지 않고
화장대엔 먼지만 쌓이게 되네.

둘째는 해산할 때 괴로움을 받으신 은혜이다.

노래로 이르셨습니다.

아이를 가진 지 열 달이 지나
참기 힘든 해산날에 이를 즈음이면
아침마다 중병 든 사람과 같고

나날이 정신은 혼미해지네.

두렵고 겁난 마음 어찌 다 알까
근심하는 눈물 흘러 옷깃 적시고,
슬픔을 머금은 채 어른께 아뢰니
이러다가 죽지 않나 겁이 납니다.

셋째는 자식을 낳고 모든 근심 잊는 은혜이다.
노래로 이르셨습니다.

자비하신 어머니가 그대 낳은 날
오장 육부 터지고 갈라지는 듯
육신도 마음도 기절하는 듯
양을 잡듯 피 흘리며 괴롭더라도

갓난아이 충실하단 말을 들으면
즐겁고 기쁜 마음 비할 데 없네.
기쁨이 가라앉고 슬픔 생기니
고통이 온몸에 사무치도다.

넷째는 입에 쓴 것은 삼키고, 단것은 뱉아 먹이는 은혜이다.

노래로 이르셨습니다.

무겁고 깊은 것은 부모님 은혜
사랑하고 베풂은 쉴 틈 없으니
단것은 자식 주며 드시지 않고
쓴 것을 삼켜도 얼굴 환하네.

사랑이 크고 중해 참기 어렵고
은혜가 깊음에도 슬픔 더하니
오직 아이 배 부르길 바랄 뿐이라
어머니는 배고픔도 감수하시네.

다섯째는 마른자리 골라 뉘고 젖은 자리 눕는 은혜이다.

노래로 이르셨습니다.

어머니는 젖은 자리 누울지라도
아이는 마른자리 눕게 하시며
젖 먹여 목마름 달래 주시고

옷소매로 찬바람 가려주시네.

한결같은 사랑에 잠조차 잊고
어린아이 재롱에서 기쁨 찾으며
오직 하나 아이만을 편하게 하며
어머니는 편함을 구하지 않네.

여섯째는 젖 먹여 길러주신 은혜이다.
노래로 이르셨습니다.

어머니의 높은 은혜 땅과도 같고
아버지의 높은 은혜 하늘과 같네.
하늘 덮고 땅 실음과 다름없듯이
부모님의 마음 또한 그와 같아라.

두 눈이 없다 해도 미워 안하고
손과 발이 장애라도 싫어 안하며.
배 아파 낳은 핏줄 자식들이라
종일토록 아끼시며 사랑 베푸네.

일곱째는 깨끗하지 않은 것을 빨아주신

은혜이다.
노래로 이르셨습니다.

지난날 고왔던 어머니 얼굴
아리따운 몸매는 깊고 소담해
푸른 눈썹 버들 빛을 가른 듯하고
붉은 뺨은 연꽃 빛을 빼 닮았으나

은혜가 깊을수록 고운 빛이 바래
더러움을 씻을수록 야위어지고
오로지 아들딸을 사랑하느라
어머니의 얼굴은 상해 가누나.

여덟째는 자식이 먼 길을 떠나면 생각하고 염려하는 은혜이다.
노래로 이르셨습니다.

죽어 이별 참기도 괴롭다지만
생전의 이별 역시 아픔은 같고
자식이 먼 곳에 나가게 되면
어머니 마음도 함께 떠나네.

밤낮으로 자식 생각 쉴 틈 없으니
하염없는 눈물은 천만 줄기라
울며불며 새끼 찾는 원숭이같이
걱정하는 마음에 간장 끊기네.

아홉째는 자식 위해 나쁜 일도 마다 않는 은혜이다.

노래로 이르셨습니다.

아버지 어머니는 강산과 같아
깊고 중한 은혜는 갚기 어려워
아이들의 괴로움을 대신 받으며
아이들이 힘들 때면 편안치 않네.

먼 길을 떠난다는 말을 들으면
여행길 잠자리 추위 걱정해
아들딸이 잠시라도 괴롭게 되면
오래도록 어머니는 마음 졸이네.

열째는 생을 마칠 때까지 끝없이 자식을

사랑해 준 은혜이다.
 노래로 이르셨습니다.

 부모 은혜 깊고도 무거운지라
 베푸시는 사랑은 쉴 틈이 없어
 언제나 마음은 자식 따르고
 멀든지 가깝든지 생각 따르네.

 어머니 연세가 백 세 되어도
 여든 된 아들 걱정 여전하시니
 이와 같은 부모 은혜 언제 다할까
 목숨이 다해야 끝나게 되리.

 부처님은 또 아난에게 말씀하셨습니다.
 "내가 중생을 살펴보니, 비록 사람의 모양을 갖추었으나 마음과 행동이 어리석고 어두워, 부모의 크신 은혜와 덕을 생각하지 못하고 공경하는 마음을 내지 않으며, 그 은혜를 저버리고 덕을 배반하며, 어질고 사랑하는 마음이 없어서 효도하지 않고 의롭

지 못하다.

　어머니가 아이를 밴 열 달 동안은, 일어나고 앉는 것이 편치 아니하여 마치 무거운 짐을 진 것 같고, 음식이 잘 소화되지 않아 마치 큰 병이 든 사람과 같다.

　달이 차서 아이를 낳을 때는, 한없는 고통을 받으면서도 잠깐 동안의 잘못으로 아이가 살지 못하는 무상함을 당할까 두려워하며, 돼지나 양을 잡은 것같이 피가 흘러 자리를 적신다. 이러한 고통을 겪으면서도 이 몸을 낳고는 쓴 것은 당신이 삼키시고, 단것은 다시 뱉어 아기를 먹이면서 안아주고 업어서 기른다. 더러운 것을 빨아도 싫어하지 않고, 더운 것도 참고 추운 것도 참으며 고생되는 것을 마다하지 않는다. 마른 데는 자식을 눕히고 젖은 데서는 어머니가 잔다.

　이렇듯 3년 동안 어머니의 젖을 먹고 자라 나이를 먹으면 예절과 의리를 가르치며,

장가 들이고 시집보내며, 공부시켜서 관직도 얻게 하고 직업도 갖게 한다. 힘들여 가르치고 애써 기르는 일이 끝났더라도 베풂이 끊어졌다고는 말할 수 없다. 아들이나 딸에게 병이 있으면 부모도 병이 생기고, 자식의 병이 나으면 부모의 병도 바로 낫는다. 이렇게 온갖 애를 쓰고 기르면서 빨리 어른 되기를 바란다.

 이렇게 하여 장성하였으나 그 자식은 (부모님의) 은공을 모르고 효도하지 않는다. 부모와 더불어 이야기하거나 응대함에 있어서도 눈을 흘기고 눈동자를 굴린다. 집안 어른을 속이고 업신여기며, 형제간에 싸우고 욕질하며 친척을 헐뜯고 예의가 없다. 스승의 가르침을 따르지 아니하고, 부모의 분부도 어기고, 형제간에 말할 적에도 일부러 서로 어긴다. 출입 왕래할 때에도 어른께 말하지 않고 말과 행동이 버릇없이 괴상하며 제멋대로 일을 처리한다. 이런 것을 부모로서는 훈계하여 책망하고, 어른들은 잘못된 것을 일러주어야 할 것인데 철없는 어린아이라 용서해 주고 덮어 주기만 한다.

  그래서 점점 자라면서 어른의 말을 어기고 거스르며, 잘못한 일도 복종하지 않고 오히려 성을 내게 된다. 좋은 벗은 버리고 나쁜 사람을 사귀며, 그러한 습관이 성품이 되어서 드디어 몹쓸 계획을 세우며, 남의 꼬임에 빠져 마침내 부모를 배반하고 객지로 도망하여 집을 떠나 고향과 이별하게 되며, 혹 장삿길로 나가거나 혹 싸움터에 나가서 그럭저럭 지내다가 객지에서 제멋대로 결혼하게 되면, 이로 말미암아 오랫동안 집에 돌아오지 못하게 된다. [297쪽으로4]

  혹은 타향에서 살 동안 삼가고 조심하지 않다가 남의 꾐에 빠져 뜻밖의 일에 걸려들어 죄를 짓고 형벌을 받기도 하며, 감옥에 갇혀 수갑을 차게 된다. 혹 병에 걸려 고난을 당하거나 액난에 얽혀서 곤란하고 고통스럽고 배곯으며 고달파도 돌봐주는 사람이 없이 남들의 미움과 천대를 받기도 한다. 또 길거리에 나앉아 죽게 되어도 누구 하나 구호하고 치료해 줄 사람이 없다. 시체가 붓고 썩어서 볕에 쬐고 바람 불면 백골이 뒹굴어 타향 땅에 버려져서 친척들과 즐겁게 만날 기회는 영원히 멀어지게 된다.

이렇게 되면, 부모의 마음은 자식을 따라 길이 걱정하고 근심하며, 혹은 울다가 눈이 어두워지기도 하고, 혹은 너무 슬퍼하다가 기가 막혀 병이 되기도 한다. 혹 자식 생각에 몸이 쇠약해져 죽기라도 하면, 이로 인하여 외로운 혼은 원한이 되어서도 끝내 자식을 잊지 못하게 된다.

혹은 다시 들으니, 자식이 효도와 의리를 숭상하지 않고 나쁜 무리들과 어울려 거칠고 거만해지며, 좋지 않은 일을 익히기 좋아하고, 남과 싸우고 때리며 도둑질하며 술 마시고 노름하고 여러 가지 과오와 실수를 저지른다. 이로 인하여 그 누가 형제에게까지 미치거나 부모의 마음을 어지럽게 한다. 새벽에 집을 나가서는 늦게야 돌아와 부모를 근심에 싸이게 한다.

부모가 지내는 형편과 춥고 더운 것을 아는 체도 하지 않고, 아침저녁이나 초하루와 보름으로도 부모를 편히 모실 것은 생각하지도 않는다. 부모가 나이 많아 모양이 쇠약하고 파리하게 되면 이것을 남이 볼까 부끄럽다고 더욱 괄시하고 심하게 구박을 한다.

혹은 또 아비가 홀로 되거나 어미가 과부가 되어 빈 방을 지키게 되면, 마치 남의 집에 붙어 사는 손님처럼 여긴다. 방을 치우거나 잠자리의 먼지와 흙을 닦고 씻어내는 법이 없다. 부모가 있는 곳에 들어가 문안하거나 살펴보는 일이 한 번도 없다. 방이 춥거나, 덥거나 또는 부모가 배고파하거나 목말라 하는 것을 한 번도 알려고 하지 않는다.

이리하여 부모를 밤낮으로 슬퍼하고 탄식하게 한다. 혹 맛있는 음식이 있으면 이것을 싸가지고 가서 부모에게 드려야 마땅하나, 거짓으로 없는 체하며 남들이 비웃는다고 여기면서도, 혹 좋은 음식이 있으면 제 아내나 자식에게만 가져다준다. 이것은 추하고 못난 짓이며 피로하고 수고로운 짓이나 부끄러워하거나 회피하지 않는다. 또 아내와 첩의 약속은 무슨 일이든지 잘 지키면서도, 부모의 말씀과 꾸지람은 전혀 어렵게 생각하지 않는다.

혹 딸자식으로, 혼인 전에는 모두 다 효도하고 순종하다가도 혼인하게 되면, 불효한 마음이 점점 늘어난다. 부모가 조금만 꾸짖어도 곧 원망하고 제 남편이 꾸짖으면 이를 참고 달게 여긴다. 성이 다른 남편 쪽의 어른에게는 인정이 깊고 사랑이 간절하게 대하면서도, 자기의 육친에게는 도리어 그렇지 않고 멀리한다.

혹 남편을 따라 타향으로 옮겨 가게 되어 부모를 이별하고서도 사모하는 생각이 없이 소식을 끊고 편지 한 장 보내지 않아 부모로 하여금 창자가 끊어지고 가슴이 결려 거꾸로 매달린듯하게 하고, 딸의 얼굴을 보고 싶어 하는 것이 마치 목마를 때 물 찾듯이 간절하여 잠시도 쉴 때가 없게 한다. ↣ 이와 같이 부모의 은덕은 한량없고 끝이 없건만, 불효하는 죄악은 말로 다 드러내기 어렵다."

이때 모든 사람들은 부모의 은덕에 대해 설하신 부처님의 법문을 듣고, 몸을 일으켜 땅에 던지고 스스로 부딪쳐 온몸의 털구멍에서 피를 흘리고 마침내 기절하여 땅에 쓰러졌다가 한참 만에 깨어나서 큰소리로 부르짖었습니다.

"가슴이 답답하고 아픕니다. 저희들은 이

제야 죄인임을 깊이 알게 되었습니다. 종래는 깨닫지 못하여 어두운 밤길을 걷는 듯하였으나, 이제 비로소 잘못된 것을 깨닫고 보니 마음과 쓸개가 모두 부서지는 듯합니다. 세존께서는 불쌍히 여기시어 구원해 주십시오. 어떻게 해야 부모의 깊은 은혜를 갚을 수 있겠습니까."

이때 여래께서는 여덟 가지 오묘하고 장중하신 범음으로 여러 사람들에게 말씀하셨습니다.

"그대들은, 분명히 알아야 한다. 내 이제 너희를 위하여 분별해서 설명하리라.

가령, 왼 어깨에 아버지를, 오른 어깨에 어머니를 업고서, 수미산을 백 천 번을 돌아서 피부가 닳아 뼈가 드러나고, 뼈가 닳아 골수가 드러나도록 하는 사람도 부모의 은혜는 다 갚을 수 없다.

가령, 굶주리는 흉년의 세상을 당해서 부모를 위하여 자기의 온 몸뚱이를 도려내어 티끌같이 잘게 부숴 백 천겁이 지나도록 하는 사람도 부모의 깊은 은혜는 다 갚을 수 없을 것이다.

가령, 잘 드는 칼을 손에 잡고 부모를 위하여 자기의 눈동자를 도려내어 여래께 바치기를 백 천 겁이 지나도록 하는 사람도 부모의 깊은 은혜는 다 갚을 수 없다.

가령, 부모를 위하여 역시 잘 드는 칼로 자기의 심장과 간을 쪼개어 피가 흘러 땅을 적셔도 아프다는 말도 하지 않고, 이렇게 백 천겁이 지나도록 하는 사람도 부모의 은혜는 다 갚을 수 없다.

가령, 부모를 위하여 백 천 자루 칼을 가지고 자기 몸을 찔러 칼날이 좌우로 드나들기를 백 천겁이 지나도록 하는 사람도 부모의 깊은 은혜는 다 갚지 못한다.

가령, 부모를 위하여 자기 몸을 심지로 삼아 불을 붙여 여래께 공양하기를 백 천 겁이 지나도록 하는 사람도 부모의 은혜는

다 갚을 수가 없는 것이다.

가령, 부모를 위하여 뼈를 부숴 골수를 꺼내며, 또 백 천 개의 칼날과 창끝으로 일시에 자기 몸을 쑤시기를 백 천겁이 지나도록 하는 사람도 부모의 은혜는 다 갚지 못한다.

가령, 부모를 위하여 백 천겁이 지나도록 뜨거운 무쇠 덩어리를 삼켜 온몸이 불타는 사람도 부모의 깊은 은혜는 다 갚을 수가 없다."

이때 여러 사람들은 부모의 깊은 은덕에 대해 설하신 부처님의 법문을 듣고 눈물을 흘리며 슬피 울면서 부처님께 여쭈었습니다.

"세존이시여, 저희들은 이제 큰 죄인임을 알았습니다. 저희들이 어떻게 하면 부모의 깊은 은덕을 갚을 수 있겠습니까?"

부처님은 제자들에게 말씀하셨습니다.

"부모의 은혜를 갚으려면 부모를 위하여

이 경을 쓰고, 부모를 위하여 이 경을 읽고 외우며, 부모를 위하여 죄와 허물을 참회하며, 부모를 위하여 삼보에게 공양하며, 부모를 위하여 재계를 받아 지니며, 부모를 위하여 보시하여 복을 닦을 것이다.

만일 이렇게 하면 효도하고 순종하는 자식이라 할 것이오, 이러한 행동을 하지 않으면 이는 지옥에 떨어질 사람이다."

부처님은 아난에게 말씀하셨습니다.

"불효한 자식은 몸이 허물어져 목숨이 다하면 아비무간지옥에 떨어지게 된다. 이 큰 지옥은 길이와 넓이가 8만 유순이나 되고, 4면이 무쇠 성으로 둘려 있는데, 그 주위에는 다시 철로 된 그물로 둘러싸여 있다. 그 땅은 붉은 무쇠로 되어 있는데, 모진 불이 훨훨 타올라 맹렬한 불길이 우뢰같이 빠르고 번개같이 번쩍인다.

여기에서 끓는 구리와 무쇠 물을 죄인의 입에 부어 넣으며, 무쇠로 된 뱀과 구리로 된 개가 항상 연기와 불꽃을 토하여 이 불 속에서 볶여지고 지져지고 구워지고 삶아지고 살이 타고 기름이 끓어 그 고통과 비애는 견디기 어렵다.

그 위에 무쇠 채찍과 무쇠 꼬챙이, 무쇠 망치와 무쇠 창, 그리고 칼과 칼날이 비와 구름처럼 공중으로부터 쏟아져 내려서 사람을 베고 찌른다. 이렇게 죄인들을 괴롭히고 벌을 내리는 것을, 여러 겁을 지나면서 고통을 받게 하여 잠시도 쉴 사이가 없게 한다. 또 이 사람은 다시 다른 지옥으로 들어가서 머리에 불화로를 이고, 무쇠로 만든 수레로 사지를 찢어서 창자와 뼈와 살이 불타고 찢어져서 하루에도 천 번을 살아나고 만 번이나 죽게 한다. 이렇게 고통을 받는 것은 모두 전생에 오역의 불효한 죄를 지었기 때문에 이러한 죄를 받는 것이다."

이때에 여러 사람들은 부모의 은덕에 대해 설하신 부처님의 법문을 듣고 눈물을 흘리고 슬피 울면서 여래께 여쭈었습니다.

"저희들은 이제 어떻게 해야 부모의 깊은 은덕을 갚을 수 있겠습니까."

부처님은 제자들에게 말씀하셨습니다.

"부모의 은혜를 갚으려면, 부모를 위하여 경전을 끊임없이 펼지니라. 이것이 참으로 부모의 은혜를 갚는 것이 된다. 경전 한 권을 펴내면 한 부처님을, 열 권을 펴내면 열 부처님을, 백 권을 펴내면 백 부처님을, 천 권을 펴내면 천 부처님을, 만 권을 펴내면 만 부처님을 뵐 수 있게 되는 것이다.

이것은 이 사람이 경전을 만든 공덕의 힘으로 말미암아 여러 부처님들이 항상 와서 옹호해 주는 까닭에, 이 사람의 부모로 하여금 천상에 태어나 여러 가지 즐거움을 받게 하며, 영원히 지옥의 괴로움에서 벗어나게 할 것이다."

이때 아수라 가루라 긴나라 마후라가 천용 야차 건달바 등의 사람과 사람 아닌 대중과 여러 작은 나라의 왕들과 전륜성왕들과 모든 대중들은 부처님이 설하신 법문을 듣고 각각 발원하였습니다.

"저희들은 오는 세상이 끝날 때까지, 차라리 조그만 티끌같이 이 몸이 부서져 백천겁이 지나더라도 맹세코 여래의 가르침을 어기지 않겠습니다.

또 차라리 백 천 겁 동안 혀가 백 유순과 같이 길게 빼내어지고 이것이 쇠 보습에 갈려져 피가 내를 이루듯이 흐를지라도 맹세코 여래의 가르침을 어기지 않겠습니다.

또 차라리 백 천 자루의 칼에 이 몸이 좌우에서 찔릴지라도 맹세코 여래의 가르침을 어기지 않겠습니다.

차라리 쇠 그물에 이 몸이 얽혀서 백 천 겁이 지나더라도 맹세코 여래의 가르침을 어기지 않겠습니다.

또 차라리 작두와 방아에 이 몸이 찍히고 부서져서 가죽과 살과 심줄과 뼈 모두 백 천만 조각이 나 백 천겁이 지나더라도 끝끝내 여래의 가르침을 어기지 않겠습니다."

이때 아난이 부처님께 여쭈었습니다.

"세존이시여, 이 경의 이름을 무엇이라 하며, 어떻게 받들어 지니오리까."

부처님은 아난에게 말씀하셨습니다.

"이 경은 『대보부모은중경』이라 부를 수 있을 것이다. 이 이름으로 그대들은 받아 지닐지니라."

이때 하늘 사람과 아수라 등 여러 대중이 부처님께서 설하신 법문을 듣고 모두 크게 기뻐하며, 이 말씀을 믿어 받들고 그대로 행하고자 서원하며 인사하고 물러갔습니다.

보부모은중진언
報父母恩重眞言
「나모 사만다 붓다남
 옴 아아나 스바하」

불설왕생진언
佛說往生眞言
「나모 사만다 붓다남
 옴 싯데율이 스바하」

법화경 여래수량품

 그때 부처님께서 여러 보살과 온갖 대중에게 말씀하셨습니다.
 "모든 선남자들이여. 그대들은 반드시 여래께서 진실하게 밝히시는 말씀을 잘 알고 믿어야 한다."
 또다시 여러 대중에게 말씀하셨습니다.
 "그대들은 여래께서 진실하게 밝히시는 말씀을 잘 알고 믿어야 한다."
 부처님께서는 거듭 대중에게 말씀하셨습니다.
 "그대들은 여래께서 진실하게 밝히시는 말씀을 잘 알고 믿어야 한다."
 미륵보살이 상수[쵀]가 되어 합장하고 부처님께 여쭈었습니다.
 "세존이시여, 말씀하십시오. 저희들은 부처님의 말씀을 반드시 믿고 받들겠습니다."

이와 같이 세 번 거듭 여쭙고 다시 여쭈었습니다.

"말씀해 주십시오. 저희들은 반드시 부처님의 말씀을 믿고 받들겠습니다."

세존께서 여러 보살이 세 번이나 청하며 그치지 않을 것을 아시고 말씀하셨습니다.

"그대들은 여래의 비밀한 신통의 힘을 자세히 들으라. 온갖 세간의 천신, 사람, 아수라들은 석가모니불께서 석가족의 궁전을 나와 가야성에서 멀지 않은 도량에 앉아 아뇩다라삼먁삼보리를 얻었다고 생각하고 있으나, 선남자들이여, 내가 성불한 지는 실로 한량없고 가없는 백 천 만억의 나유타 겁이 지났다.

비유하면, 5백 천 만억의 나유타 아승기의 삼천대천세계를 부수어 가는 티끌로 만들어 동방으로 5백 천 만억 나유타 아승기의 나라를 지나서 이에 티끌 하나를 떨어뜨리되 이와 같이 하여 동쪽으로 가면서 이 티끌을 다 떨어뜨리면, 선남자들이여, 그대들의 생각은 어떤가. 이 모든 세계의 수를 생각으로나 계산으로 알 수 있겠는가?"

미륵보살과 여러 대중이 부처님께 말씀드렸습니다.

"세존이시여, 이 모든 세계는 한량없고 가없어 수로 헤아릴 수도 없고 마음의 생각으로도 다 알 수가 없습니다. 온갖 성문과 벽지불의 무루 지혜로 생각하여도 그 한계의 수를 알지 못할 것이니, 저희들이 불퇴의 자리에 머물지라도 이 일은 바로 알지 못할 것입니다. 세존이시여, 이와 같이 모든 세계는 한량이 없고 가없습니다."

부처님께서 큰 보살 대중에게 말씀하셨습니다.

"선남자여, 이제 그대들에게 분명히 말하겠다. 이 모든 세계 티끌이 떨어진 곳이나 떨어지지 않은 곳을 모두 부수어 티끌을 만들고 이 한 티끌을 1겁이라 하더라도 내가 부처를 이룬 것은 다시 이보다 백 천 만억 나유타 아승기겁이나 더 오래 되었다. 그로부터 지금까지 나는 항상 이 사바세계에서 법을 설하여 교화하고, 또 다른 백 천 만억의 나유타 아승기의 나라에서도 중생을 인도하여 이익 되게 하였다.

선남자들이여, 내가 중간에서 연등불들을 말하였고 또다시 그를 열반에 들었다고 말하였으나 이런 말은 다 방편으로 분별하여 말한 것이다.

선남자들이여, 만일 내가 있는 곳에 오는 중생이 있다면 나는 부처님의 눈으로 그의 신심과 여러 근기의 날카롭고 둔함을 보아 제도하고, 곳곳에서 설하여 이름이 같지 않으며 연대가 크고 작아 같지 않음을 말하고 또 다시 나타나 열반에 든다고 말하기도 하고 또 여러 가지 방편으로 미묘한 법을 설하여 중생들이 기쁜 마음을 일으키게 하였다.

선남자들이여, 여래께서는 모든 중생이 작은 법을 즐겨 덕이 엷고 업장이 무거운 것으로 보고 이런 사람을 위하여 내가 젊어서 출가하여 아뇩다라삼먁삼보디를 얻었다고 말하였다. 그러나 내가 부처를 이룬 지는 오래 되었으므로 다만 방편으로 중생을 교화해서 부처님의 도에 들게 하려고 이와 같이 말하였다.

여러 선남자들이 여래께서 말씀하신 경전은 다 중생을 제도시켜 해탈케 하기 위한 것이니 혹은 몸을 말하기도 하고 혹 다른 사람의 몸을 말하기도 하며 혹은 자기의 몸을 보이고 혹은 다른 사람의 몸을 보이기도 하고 혹은 자기의 일을 보이기도 하고 혹은 다른 사람의 일을 보이기도 하였으나 이와 같이 말한 것은 다 진실하여 허망하지 않다.

왜냐하면 여래는 진실하게 삼계의 실상

을 알고 보아 나고 죽는 것이나 물러나거나 나옴이 없다. 또는 세상에 있는 이도 멸도 한 이도 없으니 진실도 아니고 허망함도 아니며 같지도 않고 다르지도 않으며 중생이 삼계를 삼계로 보는 것과는 같지 않다.

이와 같은 일을 여래께서는 밝게 보아 그릇됨이 없으나 여러 중생에게는 여러 가지 성품과 여러 가지 욕망과 여러 가지 행과 여러 가지의 기억하고 생각하는 것에 분별이 있으므로 여러 선근을 내게 하려고 여러 가지의 인연과 비유와 이야기로 가지가지의 법을 설하여 중생 교화하기를 잠시도 쉬지 않았다.

이와 같이 내가 부처를 이룬 지도 매우 오래고 멀어서 수명이 한량없는 아승기겁이라 항상 머무르며 멸하지 않는다.

선남자들이여, 내가 본래 보살도를 행하여 수명을 이룬 것이 지금도 오히려 다하지 않았으며 위에서 말한 수의 곱이나 되어 지금 진실한 멸도는 아니지만, 방편으로써 내가 반드시 멸도하리라고 말한 것이니 여래는 이런 방편으로 중생을 교화한다.

왜냐하면 만일 부처님이 세상에 오래 머무르면 덕이 없는 사람은 선근을 심지 않고 빈궁하고 천하여 오욕에 탐착하여 부질없는 생각들과 그릇된 소견의 그물에 걸리게 되기 때문이다. 만일 여래가 멸하지 않고 항상 있는 것을 보면 곧 교만한 생각을 일으켜 싫어지고 게을러서 만나기 어려운 생각과 공경하는 마음을 내지 않으므로 여래는 방편으로 말한다.

비구여, 모든 부처님이 세상에 출현하심을 만나기가 참으로 어려움을 알아야 한다. 왜냐하면 박덕한 사람은 한량없는 백 천 만억의 겁을 지나서 부처님을 만나 뵙기도 하고 혹은 만나 뵙지 못한 이도 있으니 이런 일로 내가 이와 같이 말한다.

여러 비구들이여, 여래를 만나 뵙기 어렵다고 하면 중생들이 이 말을 듣고 반드시 만나 뵙기 어렵다는 생각을 내어 마땅히 마음속에 사모하는 생각을 품고 부처님을 간절히 만나고 싶어 곧 선근을 심으리니, 여래는 실로 멸도하지 않건만 멸도한다고 말하는 것이다.

선남자들이여, 모든 부처님 여래의 법이 다 이와 같아서 중생을 제도하기 위한 것이니 모두 진실하여 허망하지 않다.

비유를 들어보자. 지혜가 총명하고 통달하여 약의 처방을 잘해 주고 여러 가지 병을 잘 치료하는 훌륭한 의사가 있었다. 그 사람은 자식이 많아 그 수가 열, 스물에서 백 명에 이르렀다. 이 의사가 사연이 있어 멀리 다른 나라에 간 후 모든 아들이 독약을 잘못 마시고 그 기운이 온몸에 퍼져 어지러워 땅에 쓰러졌다.

의사가 집에 돌아와서 보니 독약을 마시

고 정신을 잃은 아들도 있고 정신을 잃지 않은 아들도 있었다. 이들이 멀리서 오는 아버지를 바라보고 다 크게 기뻐하며 무릎 꿇고 절하며 인사드렸다.

'안녕히 다녀오셨습니까. 저희들이 어리석어 독약을 잘못 마셨으니, 보시고 구원하시어 다시 수명을 주십시오.'

아버지는 아들이 괴로워하는 것을 보고 처방에 따라 빛과 향기와 맛이 다 갖추어져 있는 좋은 약초를 구해다가 방아 찧고 체로 쳐서 섞은 다음 아들에게 먹게 하면서 말했다. '이것은 빛과 향기와 맛을 다 갖춘 매우 좋은 약이니 너희들이 먹으면 고통이 빨리 낫고 다시는 다른 병에 걸리지 않을 것이다.'

정신을 잃지 않은 아들은 이 좋은 약이 빛, 향기, 맛을 갖추고 있는 것을 보고 기뻐하며 약을 먹고 병이 나았다. 그러나 정신을 잃은 아들은 아버지가 오는 것을 보고 비록 기뻐하며 문안드리고 병을 치료하여 주기를 원하였으나 주는 약을 먹지 않았다. 왜냐하면 독약의 독한 기운이 깊이 들어 본심을 잃어버린 까닭에 좋은 빛의 향기로운 약을 좋지 않게 생각하였기 때문이다.

아버지는 이런 생각을 하였다.

'참으로 가엾구나. 독약의 중독으로 마음이 다 뒤집어져 나를 보고 비록 기뻐하고 구원과 치료를 원하기는 하지만 이런 좋은 약을 먹지 않으니, 지금 방편을 써서 반드시 이 약을 먹게 해야겠다' 하고 이런 말을 하였다.

'나는 지금 늙고 쇠약하여 죽을 때가 되었다. 이 좋은 약을 이곳에 남겨두니 너희들은 먹은 후에 효험이 없을까 근심하지 마라.' 이렇게 가르쳐 주고는 멀리 다른 나라에 가서 사람을 보내어 '너희 아버지는 이미 죽었다'고 말하게 했다.

아들들은 아버지께서 세상 떠나신 소식

을 듣고 크게 걱정하며 이런 생각을 하였다.

'만일 아버지께서 계시면 우리들을 사랑하고 가엾게 생각하여 구원하고 지켜 주시련만, 지금은 멀리 다른 나라에 가셔서 돌아가셨으니 다시는 믿고 모실 수가 없게 되었구나.'

항상 슬픈 생각을 품고 지내다가 마침내 마음이 깨어나 이 약의 빛과 향기와 맛이 좋음을 알고 먹으니 독약의 기운이 없어지고 병이 나았다.

마침내 아버지는 아들들이 약의 효험을 보아 병이 나았다는 소식을 듣고 다시 돌아와서 그 아들들을 만났다.

선남자들이여, 그대들 생각은 어떤가. 이 의사를 허망하게 죄가 있다고 하겠는가?"

"아닙니다. 세존이시여."

부처님께서 말씀하셨습니다.

"나도 또한 이와 같아 부처를 이룬 지가

한량없고 가없는 백 천 만억 나유타 아승기겁이지만 중생을 위하는 까닭에 방편으로 반드시 멸도하리라고 설하였으나 또한 법과 같이 설하였으니 나에게 허망한 죄가 있다고 말할 사람은 없을 것이다."

부처님께서 게송으로 말씀하셨습니다.

"부처를 이룬 지는 겁수로 따져도
한량없는 백 천 만억 아승기가 된다.
항상 법을 설해 무수 중생 교화시켜
불도 들게 하니 그 세월도 무량한 겁
중생 제도 위하여 방편으로 열반 보이니
이는 진실 아니지만 여기에서 설법했다.
항상 이곳에 있으나 신통스런 힘으로
전도된 중생들엔 가까워도 안 보인다.
내 멸도 보는 대중 사리에 공양하며
정 다 품어 그리운 맘 다시 낸다.
믿는 중생 정직하고 부드러워 몸과 목숨
다 바쳐 부처 뵙기 바라면 그때 내가

영취산에 대중들과 함께 나와 중생 위해
하는 말, 나는 멸도 없지만은 방편의
힘으로써 멸과 불멸 보인다.
다른 국토 중생들이 즐겨 믿고 공경하면
내가 다시 그가운데 위없는 법 설하지만
듣지 못한 그대들은 멸도 했다 말한다.
내가 중생들을 보니 고뇌 속에 있어
몸을 나타내지 않고 간절한 맘 내게하여
그들이 사모하면 나타나서 설법한다.
신통력이 이와 같아 아승기겁 오랜 세월
영취산과 다른 곳에 머물러 있다.
중생들 겁 다하여 큰 불에 탈 때에도
내 땅은 안온하여 천신 인간 충만하고
동산 숲과 누각들이 보배로 장엄되어
보배나무 꽃과 열매 중생들 즐겨 논다.
하늘마다 북을 쳐서 기악소리 항상 있고
만다라꽃비 내려불, 대중에게 흩어진다.
정토 헐림 없건마는 중생눈엔 불에 타고
근심 공포 모든 고뇌 가득 찬 듯 보이니

죄 지은 이런 중생 악업의 인연으로
아승기겁 지나도록 3보 이름 못 듣는다.
모든 공덕 잘 닦아 부드럽고 정직한 이
내 몸이 거기 있어 설법함을 볼 것이다.
어떤 때는 부처 수명 무량타 하고
오랜 후에 볼 이에겐 뵙기 어렵다 한다.
내 지혜 이와 같아 광명 또한 한없으며
무수한 겁 수명은 오래 닦은 소득이라
지혜 있는 그대들은 의심하지 말고
있거든 다 끊으라, 부처 말씀 헛됨 없다.
의사가 방편으로 아들 치료 위해
거짓 죽음을 알렸으나 허망한 말
아님과 같다. 나는 세간 아비로서
고통 받는 환자들과 전도된 범부 위해
거짓 멸도 말했다.
항상 나를 보게 되면 교만하고 방자하여
5욕에 탐착해서 악도에 떨어진다.
중생들의 행하는 도 나는 항상 알고 있어
제도될 근기 따라 갖가지로 설법한다.

늘 하는 이런 생각, 어찌하면 중생들이
위없는 도 얻어서 성불을 빨리 할까."

지장보살본원경 이익존망품

제7품 산 이도 죽은 이도 이익 되게 하다

그때 지장보살마하살이 부처님께 아뢰었습니다.

"세존이시여, 제가 이 염부제의 중생들을 보니, 그들이 행동하고 생각하는 모든 것이 죄 아님이 없습니다. 이익이 되는 좋은 인연을 만나더라도 대개 처음 마음이 나약해지며, 나쁜 인연을 만나면 찰나찰나 나쁜 인연을 더하게 됩니다. 이러한 사람들은 마치 무거운 돌을 지고 진흙길을 걷는 것과 같아서, 갈수록 몸은 지치고 짐은 무거워져 발걸음이 깊은 수렁으로 빠져 듭니다.

다행히 선지식을 만나게 되면 짐의 일부를 짊어져 주기도 하고 전부를 짊어져 주기도 합니다. 선지식은 큰 힘이 있기 때문에 다시 그를 부축하여 힘을 내게 도와주고 인도하여, 평지에 이르러서는 반드시 지나온 나쁜 길을 살펴보게 함으로써 다시는 그런 길을 밟지 않도록 해줍니다.

세존이시여, 악을 익힌 중생은 잠깐 사이라도 한량없는 악을 짓게 됩니다. 모든 중생들이 이와 같은 습성이 있으므로, 임종할 때는 남녀 가족들이 그를 위해 복을 닦아 앞길을 열어주어야 합니다.

이때 깃발과 일산을 걸고 등불을 밝히거나, 존귀한 경전을 읽기도 하며, 부처님과 모든 성인의 존상 앞에 공양을 올리며, 나아가 부처님과 보살님과 벽지불을 생각하면서 한분 한분의 명호를 분명히 불러 임종하는 사람의 귀에 들리게 하여 마음에 새겨지도록 해야 합니다. 그렇게 하면 자신이 지은 악업으로 반드시 나쁜 곳에 떨어지게 되어 있는 중생일지라도, 가족들이 임종하는 사람을 위해 짓는 성스러운 인연공덕으로 모든 죄가 다 소멸됩니다. 또 그가 죽은 뒤 49일 안에 가족들이 여러 가지 좋은 공덕을 지어주면, 그 사람은 영원히 나쁜 곳을 여의고 인간세상이나 천상에 태어나 뛰어나고 묘한 즐거움을 받게 되며, 현재의 가족들도 한량없는 이익을 받게 됩니다.

그러므로 제가 이제 부처님을 모시고 천·룡 팔부 등 사람과 사람 아닌 무리들이 함께 모인 이 자리에서 저 염부제 중생에게, 임종하는 날에는 산 목숨을 죽이거나 나쁜 인연 짓기를 삼가며, 귀신과 도깨비들에게 제사지내거나 예배하여 구하지 말 것을 권합니다. 무슨 까닭이오인가. 살생하는 일과 귀신에게 제사지내는 일 등은 죽는 사람에게 털끝만큼의 이익도 되지 않을 뿐더러, 죄만 더욱 깊고 무겁게 할 뿐이기 때문입니다.

가령 내생이나 현생에 성스러운 인연을 만나 인간과 천상에 태어날 수 있게 된 이라 할지라도 임종하는 날에 그 가족들이 악을 행하면, 목숨을 마친 사람에게 재앙과 화가 되어서 이 명을 마친 사람이 좋은 곳에 태어남이 늦어지게 됩니다. 하물며 임종하는 사람이 살아생전에 조그마한 선근도 지은 적이 없으면 자신이 지은 업에 의해 스스로 악도에 떨어질 터인데, 어찌 차마 가족들이 다시 업을 더하겠습니까.

마치 백 근이 넘는 짐을 지고 먼 길을 가는 사흘을 굶은 사람에게 문득 이웃 사람이 나타나 다시 작은 물건이라도 더 짊어지고 가게 하여 어려움이 더욱더 커지게 하는 것과 같습니다.

세존이시여, 제가 염부제 중생을 살펴보니, 모든 부처님의 가르침을 따라 머리카락 하나·물 한 방울·모래 한 알·티끌 하나만큼이라도 선한 일을 하게 되면, 모든 이익을 그 중생 스스로 얻게 됨을 알 수 있었습니다."

이와 같이 말씀하실 때, 회중에 오래 전에 '남이 없는 법'인 무생법을 얻어 장자의 몸을 나타내어 시방세계의 중생들을 교화 제도하고 있는 말 잘하는 '대변'이라는 장자가 있었습니다. 장자는 합장 공경하면서 지장보살에게 여쭈었습니다.

"대사여, 이 남염부제 중생이 명을 마친 뒤에 그의 가족들이 죽은 이를 위하여 공덕을 닦아주거나 재를 베풀어 여러 가지 좋은 일을 하게 되면, 목숨을 마친 그 사람이 큰 이익을 얻어 해탈을 하지 않겠습니까?"

지장보살이 대답하였습니다. "장자여, 내가 지금 현재와 미래의 모든 중생들을 위하여 부처님의 위신력을 받들어 간단히 그것을 설명하겠습니다.

장자여, 현재와 미래의 모든 중생들이 임종하는 날, 한 부처님의 명호나 한 보살님의 명호나 한 벽지불의 명호만 들어도 죄가 있고 없고를 가릴 것 없이 모두 다 해탈을 얻습니다.

만약에 살아생전에 착한 일보다는 죄를 많이 지은 남자나 여인이 있다면, 임종했을 때, 가깝고 먼 친척들이 훌륭한 공덕을 지어 복을 닦아주면, 그 공덕의 칠분의 일은 죽은 사람이 얻게 되고 나머지 공덕은 산 사람의 차지가 됩니다. 그러므로 현재와 미래의 선남선녀들이 이 말을 잘 새겨 스스로 닦으면 그 공덕의 전부를 얻을 수 있습니다.

'덧없음의 큰 귀신'은 기약 없이 닥쳐옵니다. 어둠 속을 헤매는 혼신은 자신의 죄와 복을 알지 못하고 49일 동안 바보인 듯 귀머거리인 듯 지내다가, 모든 사직에게서 그의 업과의 옳고 그름을 따진 뒤에야 그의 업대로 다시 태어나게 됩니다. 앞길을 예측할 수 없는 그 사이에도 근심과 고통이 천만 가지이온데, 하물며 악도에 떨어졌을 때

이겠습니까.

 이 목숨을 마친 사람은 다시 태어남을 얻지 못하고 있는 49일 동안 찰나찰나 혈육과 친척들이 복을 지어 구원해주기만을 간절히 바라다가, 이 날이 지난 후에는 업에 따라 과보를 받게 됩니다. 만약 그가 죄 많은 이라면 천백 년이 지나더라도 해탈할 날이 없을 것이며, 그가 만약 오무간지옥에 떨어질 죄를 지어 대지옥에 떨어지게 되면 천만겁토록 영원히 온갖 고통을 받게 됩니다.

 또 장자여, 이러한 죄업 중생들이 목숨을 마친 뒤 혈육과 친척들이 재를 베풀어 그의 선업을 도와줄 때는, 재식을 마치기 전이나 재를 지내는 동안 쌀뜨물이나 채소찌꺼기 등을 함부로 땅에 버리지 말며, 모든 음식을 부처님과 스님들께 올리기 전에는 먼저 먹지 말아야 합니다.

 만약에 이를 어기고 먼저 먹거나 깨끗하

게 만들지 않으면, 목숨을 마친 사람이 복의 힘을 얻지 못할 것입니다. 반대로 정성을 다하여 깨끗하게 만든 음식을 부처님과 스님들께 올리면, 죽은 사람은 그 공덕의 칠분의 일을 얻게 됩니다.

장자여, 그러므로 염부제 중생이 목숨을 마친 부모나 가족을 위하여 재를 베풀어 공양하되 지극한 마음으로 부지런히 정성을 다하면, 산 사람 죽은 사람 모두 다 이익을 얻게 되는 것입니다."

이 말씀을 하실 때에, 도리천궁에 있던 천 만억 나유타 수의 염부제 귀신들 모두가 한량없는 보리심을 발하였고, 대변장자도 환희심으로 가르침을 받들며 예배하고 물러갔습니다.

불설아미타경

이와 같이 나는 들었습니다.

한때 부처님께서 천이백오십 인의 많은 비구들과 함께 사위국 기원정사에 계셨습니다. 그들은 모두 널리 알려진 아라한 대중인 장로 사리불, 마하목건련, 마하가섭, 마하가전연, 마하구치라, 리바다, 주리반타가, 난다, 아난다, 라후라, 교범바제, 빈두로파라타, 가루다이, 마하겁빈나, 박구라, 아니루타와 같은 많은 제자들과 문수사리 법왕자, 아일다보살, 건타하제보살, 상정진보살 등 여러 많은 보살과 석제환인 등 수많은 천인들이었습니다.

그때 부처님께서 장로 사리불에게 말씀하셨습니다.

"여기서 십만억 불국토를 지난 서쪽에 '극락'이라고 하는 세계가 있고, 그곳에는

'아미타'라 불리는 부처님이 지금도 설법하고 계신다.

사리불이여, 저 세계가 어찌하여 극락이라 불리는 줄 아느냐? 그곳의 중생들은 어떤 괴로움도 없고 오직 즐거움만 받으므로 극락이라고 불리노라. 또 사리불이여, 극락세계에는 일곱 겹의 난간과 일곱 겹의 나망과 일곱 겹의 가로수가 다 금 은 청옥 수정의 네 가지 보석으로 장엄식되어 있으며, 이 까닭에 그 나라가 극락이라고 불리우는 것이다.

또 극락세계에는 여덟 가지 공덕이 있는 물로 가득 찬 칠보로 된 연못이 있는데, 그 연못 바닥에는 금모래가 깔려 있고, 그 연못 둘레에는 금 은 청옥 수정의 네 가지 보석으로 된 네 개의 층계가 있으며, 그 위에는 금 은 청옥 수정 적진주 마노 호박으로 찬란하게 꾸며진 누각이 있다. 또 그 연못 속에는 푸른빛에서는 푸른 광채가, 누른빛에서는 누른 광채가, 붉은빛에서는 붉은 광채가, 흰빛에서는 흰 광채가 나는 수레 바퀴만한 연꽃이 피어 참으로 아름답고 향기롭고 정결하다. 사리불이여, 극락세계는 이와 같은 공덕장엄으로 이루어져 있다.

사리불이여, 또 저 불국토에는 항상 천상의 음악이 연주되고, 대지는 황금색으로 빛나고 있으며, 밤낮으로 천상의 만다라 꽃비가 내린다. 그 불국토의 중생들은 이른 아침마다 바구니에 여러 가지 아름다운 꽃을 담아 가지고 다른 세계로 다니면서 십만억 부처님께 공양하고, 조반 전에 돌아와 식사를 마치고 산책한다. 사리불이여, 극락세계에는 이와 같은 공덕장엄으로 이루어져 있다.

또 사리불이여, 그 불국토에는, 오근과 오력과 칠보리분과 팔정도를 밤낮을 가리지 않고 항상 화평하고 맑은 소리로 노래하는 백학 공작 앵무새 사리새 가릉빈가

공명조 등 아름답고 기묘한 여러 빛깔을 가진 새들이 있다. 그 나라 중생들은 그 노래 소리를 들으면, 부처님을 생각하고 법문을 생각하며 스님들을 생각하게 된다.

사리불이여, 그대는 이 새들이 죄업으로 생긴 것이라고 생각 말지니, 까닭이 무엇이냐, 저 불국토에는 지옥 아귀 축생의 삼악도가 없기 때문이다. 사리불이여, 그곳에는 지옥이라는 말조차도 없는데, 하물며 그런 것이 실지로 있겠느냐. 이와 같은 새들은 아미타불께서 모두 법문을 펴기 위해 화현으로 만든 것이다.

사리불이여, 그 불국토에서 미풍이 불면 보석으로 장식된 가로수와 나망에서 마치 백천 가지 악기가 합주되는 듯한 아름다운 소리가 나온다. 이 소리를 듣는 사람은 부처님을 생각하고 법문을 생각하며 승가를 생각하는 마음이 저절로 우러나게 된다. 사리불이여, 극락세계는 이와 같은 공덕장엄으로 이루어져 있다.

 사리불이여, 그 부처님을 어찌하여 '아미타불'이라 하는 줄 아느냐? 그 부처님의 광명이 한량없이 시방세계를 두루 비추어도 조금도 걸림이 없기 때문이다.

 또 사리불이여, 그 부처님과 그 나라 인민의 수명이 한량없고 끝이 없는 아승기겁이므로 아미타불이라 한다. 아미타불이 부처가 된 지는 벌써 십겁이 지났다.

 또 사리불이여, 그 부처님에게는 어떠한 수 단위로도 그 수효를 헤아릴 수 없이 많은 아라한 성문 제자들이 있으며, 보살 대중의 수도 또한 그러하다. 사리불이여, 극락세계는 이와 같은 공덕장엄으로 이루어져 있다.

 또 사리불이여, 극락세계에 태어나는 중생들은 다 보리심에서 물러나지 않는 이들이며, 그 가운데는 일생보처에 오른 이들이 많아 숫자와 비유로도 헤아릴 수 없고, 다만 무량무변 아승기라고 표현할 뿐이다.

사리불이여, 이 법문을 들은 중생들은 마땅히 저 세계에 가서 나기를 서원해야 할 것이니, 까닭이 무엇이냐. 으뜸가는 여러 사람들과 함께 그곳에서 수행할 수 있기 때문이다.

사리불이여, 작은 선근 복덕의 인연으로 저 세계에 가서 날 수 없다.

사리불이여, 만일 아미타불에 대한 이야기를 듣고 하루나 이틀 혹은 사흘, 나흘, 닷새, 엿새, 이레 동안 한결같은 마음으로 아미타불의 이름을 외우되, 조금도 마음이 흐트러지지 않는 선남자선여인이 있다면, 그가 임종할 때 아미타불이 여러 거룩한 분들과 함께 그 사람 앞에 나타날 것이다. 그래서 그는 생각이 뒤바뀌지 않고 흔들리지 않고 목숨을 마치고 아미타불의 극락세계에 왕생하게 될 것이다.

사리불이여, 나는 이러한 도리를 알고 이

와 같은 설법을 하는 것이다. 만일 이 법문을 듣는 중생이 있다면 저 국토에 가서 나기를 발원해야 할 것이다.

사리불이여, 내가 지금 아미타불의 한량없는 공덕을 찬탄하는 것처럼 동방에도 아촉비불 수미상불 대수미불 수미광불 묘음불 등 수없는 부처님들이 각기 그 세계에서 삼천대천세계에 두루 미치도록 진실한 말씀으로 '그대들은 모든 부처님께서 한결같이 찬탄하시고 보호하는 불가사의한 공덕이 있는 이 법문을 진심으로 믿으라'고 설법하고 계신다.

사리불이여, 남방세계에도 일월등불 명문광불 대염견불 수미등불 무량정진불 등 수없는 부처님들이 각기 그 세계에서 삼천대천세계에 두루 미치도록 진실한 말씀으로 '그대들은 모든 부처님께서 한결같이 찬탄하시고 보호하는 불가사의한 공덕이 있는 이 법문을 진심으로 믿으라'고 설법하고 계신다.

  사리불이여, 서방세계에도 무량수불 무량상불 무량당불 대광불 대명불 보상불 정광불 등 수없는 부처님들이 각기 그 세계에서 삼천대천세계에 두루 미치도록 진실한 말씀으로 '그대들은 모든 부처님께서 한결같이 찬탄하시고 보호하는 불가사의한 공덕이 있는 이 법문을 진심으로 믿으라'고 설법하고 계신다.

  사리불이여, 북방세계에도 염견불 최승음불 난저불 일생불 망명불 등 수없는 부처님들이 각기 그 세계에서 삼천대천세계에 두루 미치도록 진실한 말씀으로 '그대들은 모든 부처님께서 한결같이 찬탄하시고 보호하는 불가사의한 공덕이 있는 이 법문을 진심으로 믿으라'고 설법하고 계신다.

  사리불이여, 하방세계에도 사자불 명문불 명광불 달마불 법당불 지법불 등 수없는 부처님들이 각기 그 세계에서 삼천대천세계에 두루 미치도록 진실한 말씀으로 '그대들은 모든 부처님께서 한결같이 찬탄하시고 보호하는 불가사의한 공덕이 있는 이 법문을 진심으로 믿으라'고 설법하고 계신다.

사리불이여, 상방세계에도 범음불 수왕불 향상불 향광불 대염견불 잡색보화엄신불 사라수왕불 보화덕불 견일체의불 여수미산불 등 수없는 부처님들이 각기 그 세계에서 삼천대천세계에 두루 미치도록 진실한 말씀으로 '그대들은 모든 부처님께서 한결같이 찬탄하시고 보호하는 불가사의한 공덕이 있는 이 법문을 진심으로 믿으라'고 설법하고 계신다.

사리불이여, 이 법문을 가리켜 어찌하여 모든 부처님들이 한결같이 보호하는 법문이라 하는 줄 아느냐? 사리불이여, 만일 이 법문을 듣고 받아 지니거나 부처님의 이름을 듣는 선남자선여인이 있다면, 이 모든 선남자선여인은 부처님들의 옹호함을 입어 '위없는 정등각'에서 물러나지 않음을 얻게 되느니라. 그러므로 사리불이여, 그대들은 내 법문과 여러 부처님의 법문을 믿고 지녀야 하느니라.

사리불이여, 만일 아미타불의 세계에 가서 나기를 이미 발원하였거나 지금 발원하거나 혹은 장차 발원하는 사람이 있다면, 그는 위없는 정등각에서 물러나지 않고, 그 세계에 벌써 났거나 지금 나거나 혹은 장차 날 것이다. 그러므로 신심이 있는 모든 선남자선여인은, 극락세계에 가서 나기를 발원해야 한다.

사리불이여, 내가 지금 여러 부처님의 불가사의한 공덕을 찬탄하듯이, 저 부처님들도 '석가모니 부처님이 어렵고 희유한 일을 하나니 시대가 흐리고, 견해가 흐리고, 번뇌가 흐리고, 중생이 흐리고, 생명이 흐린 사바세계의 오탁악세에서 위없는 정등각을 얻고 중생들을 위해 세상에서 믿기 어려운 법을 설하고 계시노라'고 하며 나의 불가사의한 공덕을 칭찬하실 것이다.

사리불이여, 내가 이 오탁악세에서 갖은 고행 끝에 위없는 정등각을 얻고, 모든 세상과 중생을 위해 믿기 어려운 법을 설하는 것은 결코 쉬운 일이 아님을 알아야 한다."

부처님께서 이 경전을 설하시자 사리불과 비구들과 모든 세간의 천인 아수라들이 부처님께서 설하신 법문을 듣고 기뻐하며 예배하고 물러갔습니다.

이것으로 아미타경이 완성되었습니다.

금강반야바라밀경
금강 같은 지혜 완성(피안)의 경

이와 같이 나는 들었습니다.

한때 부처님께서 천이백오십 명의 많은 비구들과 함께 사위국 기원정사에 계셨습니다.

마침 공양 때라, 세존께서는 가사와 발우를 지니시고 탁발을 위해 사위성 도시에 들어가셨습니다. 그곳에서 차례대로 탁발을 하시고 본래 계시던 곳으로 돌아오셔서 공양을 마치고, 가사와 발우를 제자리에 내려놓고, 두 발을 씻으신 다음, 준비된 자리에 앉으셨습니다.

그때 대중 속에 있던 장로 수보리가 자리에서 일어나, 오른쪽 어깨에 옷을 벗어 매고, 오른 무릎을 땅에 대고 공경히 합장하며 부처님께 말씀드렸습니다.

"희유합니다, 세존이시여. 여래께서는 모든 보살들을 잘 호념하시며, 모든 보살들을 잘 부촉하십니다.

세존이시여, 여래께서 깨달은 '위없고 바른 깨달음'을 구하려는 마음을 낸 선남자선여인은 어떻게 머무르며, 어떻게 수행하고 어떻게 마음을 조복 받아야 합니까?"

부처님께서 말씀하셨습니다.

"옳다, 옳도다. 수보리여, 그대가 말한 것과 같이 여래는 모든 보살들을 잘 호념하며 모든 보살들을 잘 부촉한다. 그대는 이제 자세히 들으라. 그대를 위해 설할 것이다.

위없고 바른 깨달음을 구하려는 마음을 낸 선남자선여인은 이와 같이 머무르고, 이와 같이 마음을 조복 받아야 한다."

"예, 세존이시여" 하며 기쁘게 듣고자 하였습니다.

부처님께서 수보리에게 말씀하셨습니다.

"모든 보살마하살들은, '알에서 나는 것, 태에서 나는 것, 습기에서 나는 것, 화현하여 나는 것; 형상이 있는 것, 형상이 없는 것; 인식작용이 있는 것, 인식작용이 없는 것, 인식작용이 있는 것도 인식작용이 없는 것도 아닌 것 등 일체 중생을, 나는 남음 없는 완전한 열반의 경지에 들게 하리라.' 이와 같이 셀 수 없고 한량없는 중생들을 완전한 열반에 들게 하였으나 '완전한 열반에 든 자는 참으로 없다' 하는 마음으로 마음을 조복 받아야 한다.

무슨 까닭이냐. 수보리여, 만일 보살에게 아상·인상·중생상·수자상이 있다면 보살이라 하지 아니하기 때문이다.

다시 또 수보리여, 보살은 경계인 법경계에 머묾이 없이 보시를 해야 한다. '형상에 머물지 않고 보시를 하며, 소리·향기·맛·촉감·마음의 대상에도 머물지 않고 보시를 하는 것'을 말하는 것이다. 수보리여, 보살은 이와 같이 보시하여 겉모양인 상에 머물지 않아야 한다.

무슨 까닭이냐. 만일 보살이 상에 머물지 않고 보시를 한다면, 그 복덕은 양을 잴 수가 없기 때문이다.

수보리여, 어떻게 생각하느냐? 동쪽 허공의 양을 잴 수 있겠느냐?"

"없습니다, 세존이시여."

"수보리여, 남·서·북방과 사유, 위·아래 시방의 일체 세계 허공의 양은 잴 수 있겠느냐?"

"없습니다, 세존이시여!"

"수보리여, 보살이 상에 머묾이 없이 보시하는 복덕 또한 이와 같이 그 양을 잴 수가 없나니, 수보리여, 보살은 오직 가르침과 같이 머물러야 한다."

"수보리여, 어떻게 생각하느냐? 32상이 구족된 몸매로써 여래를 볼 수 있겠느냐?"

"없습니다, 세존이시여. 몸매로는 여래를

볼 수 없습니다. 무슨 까닭이리까. 여래께서 설하신 몸매라는 것은 곧 몸매가 아니기 때문입니다."

부처님께서 수보리에게 말씀하셨습니다.

"몸매라 하는 것은 모두 헛된 것이다. 만일 32상이 구족된 제상과 32상이 없는 비상을 바로 보면 여래를 볼 수 있다."

수보리가 부처님께 말씀드렸습니다.

"세존이시여, 미래 정법이 쇠퇴할 때 이와 같은 말씀이나 글귀를 듣고 진실한 믿음을 일으키는 중생이 조금이라도 있겠습니까?"

부처님께서 수보리에게 말씀하셨습니다.

"그런 말을 하지 말라. 여래가 멸한 뒤 후오백세에도, 이 법문에 잘 믿는 마음을 낼 것이며, 이를 진실한 것으로 삼아 계율을 지키며 복을 닦는 사람이 있을 것이다. 알지니, 이 사람은 한 붓다, 두 붓다, 서너 다섯 붓다께 선근을 심었을 뿐 아니라, 이

미 한량없는 천만 붓다의 자리에 온갖 선근을 심었으므로 이 법문을 듣는 즉시 오직 일념으로 깨끗한 믿음을 내는 자들이다.

수보리여, 여래는 이 모든 중생이 헤아릴 수 없는 복덕을 쌓게 될 것임을 다 알고, 다 본다.

무슨 까닭이냐. 이 모든 중생은 다시는 아상 인상 중생상 수자상이 없을 것이며, 법의 상도 없으며, 또한 법의 상이 아니라는 생각조차 없을 것이기 때문이다.

무슨 까닭이냐. 이 모든 중생이 만일 마음에 상이 일어난다면 아상 인상 중생상 수자상에 집착하게 되는 것이다. 만일 법의 상이 일어나도 아상 인상 중생상 수자상에 집착하는 것이다.

무슨 까닭이냐. 만일 법이 아니라고 하는 상이 생겨난다면 그것도 아상 인상 중생상 수자상에 집착하는 것이다. 그러므로 마땅히 법을 취해서도 안 되고, 법 아닌 것을 취해서도 안 되기 때문이다.

이러한 뜻에서 여래는 늘 '나의 법문이 뗏목의 비유와 같다는 것을 아는 그대 비구들은, 법도 응당 버려야 하거늘 하물며 법이 아닌 것들이랴!'라고 설하였다.

수보리여, 어떻게 생각하느냐? 여래가 '위없고 바른 깨달음'을 깨달았느냐? 여래에게 설해진 법이 있느냐?"

수보리가 말씀드렸습니다.

"제가 부처님께서 설하신 뜻을 이해하기로는, '위없고 바른 깨달음'이라고 말해질 법이 없으며, 또한 여래에 의해 설해졌다고 정해진 법도 없습니다.

무슨 까닭이리까. 여래에 의해 설해진 법은, 모두 잡을 수도 없고 설명할 수도 없기 때문이며, 법도 아니요, 법이 아님도 아니기 때문입니다.

무슨 까닭이리까. 일체 성현들은 다 무위법으로써 차별이 있기 때문입니다."

"수보리여, 어떻게 생각하느냐? 만일 삼천대천세계에 칠보를 가득 채워 이것으로써 보시하는 사람이 있다면, 이 사람이 쌓게 되는 복덕이 많다고 할 수 있겠느냐?"

수보리가 대답했습니다.

"많습니다, 세존이시여. 무슨 까닭이리까. 이 복덕은 곧 복덕의 모습이 아니기 때문입니다. 그러므로 복덕이 많다고 여래께서는 말씀하시는 것입니다."

"만일 다시 이 법문 가운데 단지 사구게라도 배워 남들에게 알려주는 사람이 있다면, 이 복은 앞의 사람이 지은 복덕을 뛰어넘을 것이다.

무슨 까닭이냐. 수보리여, 일체 붓다와 모든 붓다의 위없고 바른 깨달음이라는 법이 모두 이 상을 타파하라는 법문에서부터 생겨났기 때문이다.

수보리여, 불법이라고 말해지는 것은 불법이 아니다.

수보리여, 어떻게 생각하느냐? 성자의 흐름에 든 수다원이 '나는 예류과를 증득했다'는 생각을 하겠느냐?"

수보리가 대답했습니다.

"아닙니다, 세존이시여. 무슨 까닭이오리까. 수다원은 '성자의 흐름에 든 자'라 말해지지만, 그는 들지 않았으며, 형상 소리 향기 맛 촉감 마음의 어떤 대상에도 든 적이 없기 때문에 수다원이라 말해지는 것입니다."

"수보리여, 어떻게 생각하느냐? 한 번만 더 돌아올 사다함이 '나는 일래과를 증득했다'는 생각을 하겠느냐?"

수보리가 대답했습니다.

"아닙니다, 세존이시여. 무슨 까닭이리까. 사다함은 '한 번만 더 돌아올 자'라 말해지지만, 참으로 한 번만 갔다 왔다는 것이 없기 때문에 사다함이라 말해지는 것입니다."

"수보리여, 어떻게 생각하느냐? 다시는 돌아오지 않을 아나함이 '나는 불환과를 증득했다'는 생각을 하겠느냐?"

수보리가 대답했습니다.

"아닙니다, 세존이시여. 무슨 까닭이리까. 아나함은 '다시는 돌아오지 않을 자'라 말해지지만, 참으로 돌아오지 않는다는 것이 없기 때문입니다. 그러므로 아나함이라 말해지는 것입니다."

"수보리여, 어떻게 생각하느냐? 다시는 태어나지 않는 아라한이 '나는 아라한과를 증득했다'는 생각을 하겠느냐?"

수보리가 대답했습니다.

"아닙니다, 세존이시여. 무슨 까닭이리까. 아라한이라고 말해질 법이 참으로 없기 때문입니다. 세존이시여, 만일 아라한이 '나는 아라한과를 증득했다'는 생각을 한다면 '아 인 중생 수자'에 집착하게 되는 것입니다.

세존이시여, 부처님께서는, 제가 다툼 없는 삼매에 머무는 자들 중에서 가장 으뜸 과를 얻었다고 말씀하셨습니다. 이것은 욕망을 여읜 제일 아라한이라는 말씀일 것입니다.

세존이시여, 저는 '나는 욕망을 여읜 아라한이다'는 생각을 하지 않습니다. 세존이시여, 제가 만일 '나는 아라한과를 증득했다'는 생각을 한다면, 세존께서 '수보리는 아란나행을 좋아하는 자이다, 수보리는 참으로 끌림이 없으므로 수보리는 아란나행을 좋아한다고 말해질 수 있다'고 설하지 않으셨을 것입니다."

부처님께서 수보리에게 말씀하셨습니다.

"어떻게 생각하느냐? 여래가 과거 연등불 회상에 있을 때, 법에 대하여 깨달은 것이 있느냐?"

"없습니다, 세존이시여. 여래께서 연등불 회상에 계실 때, 법에 대하여 참으로 깨달은 것이 없습니다."

"수보리여, 어떻게 생각하느냐? 보살이 불국토를 장엄하느냐?"

"아닙니다, 세존이시여. 무슨 까닭이리까. 불국토를 장엄한다는 것은 장엄함이 아닙니다. 그러므로 장엄한다고 말해지는 것입니다."

"그러므로 수보리여, 모든 보살마하살은 이와 같이 머묾이 없는 맑고 깨끗한 마음을 내어야 한다. 어떤 형상에 머물지 않고 마음을 내어야 하며, 소리 향기 맛 촉감 마음의 대상에도 머물지 않고 마음을 내야 한다. 어떤 것에도 머묾이 없이 마음을 내야 한다.

수보리여, 비유하건대 몸이 수미산과 같은 사람이 있다면, 어떻게 생각하느냐? 그 몸이 크다고 할 수 있겠느냐?"

수보리가 대답했습니다.

"매우 큽니다, 세존이시여. 무슨 까닭이

리까. 부처님께서는 '몸은 몸이 아니다, 그러므로 큰 몸이라 말해질 수 있기 때문이다'고 설하셨습니다."

"수보리여, 항하 강의 모래알 수와 같은 강가 강이 있다면, 어떻게 생각하느냐? 이 모든 강가 강의 모래 숫자가 참으로 많다고 할 수 있겠느냐?"

수보리가 대답했습니다.

"매우 많습니다, 세존이시여. 그 모든 강가 강만 하여도 너무 많아 셀 수 없거늘, 하물며 모래의 숫자이겠습니까?"

"수보리여, 내 이제 그대에게 분명히 말하리라. 만일 칠보를 이곳 강가 강의 모래 숫자만큼의 삼천대천세계에 가득 채워 그것으로 보시하는 선남자선여인이 있다면, 쌓게 되는 복덕이 많겠느냐?"

수보리가 대답했습니다.

"매우 많습니다, 세존이시여."

부처님께서 수보리에게 말씀하셨습니다.

"만일 선남자선여인이 이 법문에서 사구게만이라도 배워 마음에 간직하여 남에게 자세히 설명해 준다면, 이로 인해 쌓게 되는 복덕은 앞에서 말한 복덕을 뛰어넘을 것이다.

다시 또, 수보리여, 이 법문이나 사구게만이라도 설한다면, 바로 그곳이 일체세간의 하늘과 인간과 아수라가 모두 기꺼이 공양하는 부처님의 탑묘와도 같은 곳이 되리라는 것을 알아야 한다. 하물며 이 법문을 받아 지녀 읽고 외우는 사람임에랴.

수보리여, 이 사람은 가장 높고 제일 희유한 법을 성취할 것이며, 이 경전이 있는, 설해지는 곳이 바로 붓다가 머무는 곳이 되며, 존경받는 붓다의 제자들이 머무는 곳이 된다는 것을 알아야 한다.

수보리여, 만일 셀 수 없는 아승기 세계에 칠보를 가득 채워 보시를 하는 사람이 있고, 만일 또 이 경전의 네 구절 게송이라도 마음에 간직하고 읽고 외우며 다른 사람을 위해 설명해 주는 보살의 마음을 낸 선남자선여인이 있다면, 이로 인해 쌓게 되는 복덕은 앞의 복덕을 뛰어넘을 것이다. 어떻게 남들을 위하여 설명해 줄 것이냐. 상을 취하지 않으며 여여하여 상에 끌리지 않아야 한다. 무슨 까닭이냐.

　형성된 것은 참으로
　꿈 환상 물거품 그림자와 같고
　이슬과 같고 또한 번개와 같다.
　이렇게 보아야 한다."

이때에 수보리가 부처님께 말씀드렸습니다.

"세존이시여, 이 법문은 무엇이라 이름하합니까? 저희들이 어떻게 이것을 마음에 간직하면 됩니까?"

부처님께서 수보리에게 말씀하셨습니다.

"이 법문은 금강반야바라밀이라 이름할 수 있다. 이 이름으로써 그대들은 마음에 간직하여라."

부처님께서 이 경전을 설하시자, 장로 수보리와 모든 비구 비구니 우바새 우바이들과 일체 세간의 천·인과 아수라 등이 부처님의 법문을 듣고 모두 크게 기뻐하며 확신을 가지고 수행하였습니다.

　　금강반야바라밀경이 완성되었습니다.

원각경 보안장

이때 대중 가운데 있던 보안보살이 자리에서 일어나 부처님 발에 정례하고, 오른쪽으로 세 번 돌고 무릎을 꿇어 합장하고 부처님께 이렇게 말씀드렸습니다.

"자비하신 세존이시여, 여기 모인 여러 보살들과 말세의 모든 중생들을 위하여 보살이 수행할 차례를 말씀해 주옵소서. 어떻게 생각하고, 어떻게 머무를 것이며, 중생들이 깨치지 못하면 어떠한 방편으로 두루 깨치도록 해야 합니까?

세존이시여, 만약 중생들이 바른 방편과 바른 생각이 없으면, 부처님께서 말씀하신 삼매를 듣고도 마음이 아득하여 원각에 들어갈 수 없을 것입니다. 자비를 드리어서 저희들과 말세 중생들을 위하여 짐짓 방편을 말씀해 주십시오."

이 말을 하고 오체를 땅에 던져 이와 같이 세 번 청하였습니다.

이때 부처님께서 보안보살에게 말씀하셨습니다.

"옳다, 옳다. 선남자여, 그대는 이제 보살들과 말세 중생을 위하여 여래의 수행의 차례와 생각과 머무름과 가지가지 방편을 묻는구나. 그럼 잘 들어라. 그대들을 위해 말해주겠다."

이때 보안보살이 분부를 받들고 기뻐하여 대중들과 함께 조용히 귀를 기울였습니다.

"선남자여, 새로 공부하는 보살과 말세 중생이 여래의 청정한 원각심을 구하려면, 생각을 바르게 하여 모든 환을 멀리 여의어야 할 것이다. 먼저 여래의 사마타 행에 의지하여 계율을 굳게 가지고, 대중과 함께 안정하게 지내며, 고요한 방에 단정히 앉아 항상 이렇게 생각하여라.

'지금 내 이 몸뚱이는 4대가 화합하여 된 것이다. 머리털·이·손톱·발톱·살갗·근육·뼈·골수·때·빛깔들은 다 흙으로 돌아갈 것이고, 침·콧물·고름·피·진액·거품·가래·눈물·정기·대소변은 다 물로 돌아갈 것이며, 더운 기운은 불로 돌아갈 것이고, 움직이는 것은 바람으로 돌아갈 것이다.

4대가 뿔뿔이 흩어지면 이제 이 허망한 몸뚱이는 어디에 있단 말인가.'

곧 알아라. 이 몸은 마침내 자체가 없는 것이고 화합하여 형상이 이루어졌으나 사실은 환으로 된 것과 같다. 네 가지 인연이 거짓으로 모여 망령되이 6근이 있게 된 것이다.

6근과 4대가 안팎으로 합하여 이루어졌는데 허망으로 인연 기운이 그 안에 쌓이고 모여 인연상이 있는 듯한 것이 마음이라 말해진다.

선남자여, 이 허망한 마음은 만약 6진이 없으면 있지 못할 것이고, 4대가 흩어지면 6진도 얻지 못할 것이다. 이 가운데 인연과 티끌이 뿔뿔이 흩어져 없어지면 마침내 인연의 마음도 볼 수 없을 것이다.

선남자여, 중생들은 환인 몸뚱이가 멸하므로 환인 마음도 멸하고, 환인 마음이 멸하므로 환인 경계도 멸하고, 환인 경계가 멸하므로 환의 멸도 또한 멸하고, 환의 멸이 멸하므로 환 아닌 것은 멸하지 않는다. 이를테면 거울에 때가 없어지면 광명이 나타나는 것과 같다.

선남자여, 몸과 마음이 다 환의 때이니, 때가 아주 없어지면 시방세계가 청정함을 알아라. 마치 깨끗한 마니 보주가 오색에 비추이자 그 빛에 따라 각기 달리 나타나는 것이어늘 어리석은 사람들은 그 보배 구슬에 실제로 오색이 있는 줄 아는 것과 같다.

선남자여, 원각인 청정한 성품이 몸과 마음으로 나타내어 종류를 따라 각기 응하거늘 어리석은 사람들은 청정한 원각에 실제로 이런 몸과 마음의 모양이 있다고 말하는 것도 또한 그와 같은 것이다. 이로 말미암아 환화를 멀리할 수 없으므로, 나는 몸과 마음을 환의 때라고 한다. 환의 때를 대하여 이를 여의면 보살이라 말할 수 있다. 때가 다하여 대할 것도 없어지면 대(對)도 때도 없고 대니 때니 하는 이름도 없다.

 선남자여, 이 보살과 말세 중생들이 모든 환을 증득하여 영상이 멸해버렸기 때문에 이때에 문득 끝없는 청정함을 얻을 것이다. 가없는 허공도 원각의 나타남이다.

 그 깨달음이 원만하고 밝으므로 마음의 청정이 나타나고, 마음이 청정하므로 보이는 경계가 청정하고, 보이는 것이 청정하므로 눈이 청정하고, 눈이 청정하므로 보는 알음알이가 청정하고, 보는 알음알이가 청정하므로 들리는 경계가 청정하고, 들리는 것이 청정하므로 귀가 청정하고, 귀가 청정하므로 듣는 알음알이가 청정하고, 듣는 알음알이가 청정하므로 느낌의 경계가 청정하고, 그리하여 코·혀·몸뚱이·뜻에 있어서도 또한 이와 같다.

선남자여, 눈이 청정하므로 형상이 청정하고, 형상이 청정하므로 소리가 청정하며, 향기와 맛과 감촉과 법진(마음)도 또한 이와 같다.

선남자여, 6진이 청정하므로 지대가 청정하고, 지대가 청정하므로 수대가 청정하며, 화대·풍대도 이와 같다.

선남자여, 4대가 청정하므로 12처와 18계(界)와 25유(有)가 청정하다. 이들이 청정하기 때문에 10력(力)과 4무소외(無所畏)와 4무애지(無碍智)와 불18불공법(佛十八不共法)과 37조도품(助道品)이 청정하며, 이와 같이 8만4천 다라니문도 모두 청정하다.

선남자여, 모든 실상은 성품이 청정하기 때문에 한 몸이 청정하고, 한 몸이 청정하므로 여러 몸이 청정하며, 여러 몸이 청정하므로 시방 중생의 원각도 청정하다.

선남자여, 한 세계가 청정하므로 여러 세계가 청정하고, 여러 세계가 청정하므로 마침내는 허공을 다하고, 삼세를 두루 싸서 모든 것이 평등하고 청정해서 움직이지 않는다.

선남자여, 허공이 이와 같이 평등하여 움직이지 않기 때문에 각성이 평등하여 움직이지 않으며, 4대가 움직이지 않으므로 각성이 평등하여 움직이지 않으며, 이와 같이 하여 8만4천 다라니 문이 평등하여 움직이지 않은 줄을 알라.

선남자여, 각성이 두루 차고 청정하며 움직이지 않고 원만해 끝이 없으므로 6근(根)이 법계에 가득한 것임을 알라. 6근이 두루 차므로 6진이 법계에 두루 참을 알고, 6진이 두루 차므로 4대가 법계에 두루 차며, 이와 같이 다라니 문이 법계에 두루 찬 것인 줄을 알라.

선남자여 미묘한 각성이 두루 차므로 말미암아 근성과 진성이 무너짐도 뒤섞임도 없으며, 근과 진이 무너짐이 없으므로 다라니 문이 무너짐도 뒤섞임도 없는 것이다. 마치 백 천 개의 등불이 한 방에 비치면 그 불빛이 두루 가득하여 무너짐도 뒤섞임도 없는 것과 같다.

선남자여, 깨달음을 성취한 보살은 법에 얽매이지도 않고, 법에서 벗어나기를 구하지도 않으며, 나고 죽는 것을 싫어하지도 않고, 열반을 좋아하지도 않으며, 계행 가지는 것을 공경하지도 않고, 파계를 미워하지도 않으며, 오래 공부한 이를 소중히 여기지도 않고, 처음 공부한 이를 깔보지도 않는다. 무슨 까닭인가. 온갖 것이 모두 원각이기 때문이다. 이를테면 안광이 비춤에 그 빛은 원만하여 사랑도 미움도 없는 것과 같다. 무슨 까닭인가. 광명 자체는 둘이 아니어서 사랑과 미움이 없기 때문이다.

선남자여, 보살과 말세 중생이 이 마음을 닦아 성취하면 여기에는 닦을 것도 없고 성취할 것도 없을 것이다. 원각(圓覺)이 널리 비치고 적멸(寂滅)해서 둘(차별)이 없다.

이 가운데에는 백 천 만억 아승기 말할 수 없는 항하의 모래 수 같은 모든 부처님 세계가 마치 허공 꽃이 어지럽게 일어나고 스러지는 것 같아서, 즉(卽) 하지도 여의지[離]도 않으며, 얽매임도 풀림도 없으리니, 중생이 본래 부처이고 생사와 열반이 지난 밤 꿈과 같은 줄 알 것이다.

선남자여, 지난 밤 꿈과 같으므로 생사와 열반이 일어나는 것도 없고 없어지는 것도 없으며, 오는 것도 없고 가는 것도 없다. 증득된 것에는 얻을 것도 없고 잃을 것도 없으며, 취할 것도 없고 버릴 것도 없다.

또 증득한 이에게는 일으킬 것도 없고 멈출 것도 없으며, 맡길 것도 없고 멸할 것도 없다. 이 증득 가운데는 '증득하는 이'도 '증득된 것'도 없어 마침내 증할 것도 없고 증할 이도 없어서, 모든 법의 성품이 평등하여 무너지지 않는다.

선남자여, 모든 보살들이 이렇게 닦을 것이며, 이러한 차례로 이렇게 생각할 것이며, 이렇게 머물고 간직할 것이며, 이와 같은 방편(方便)으로 이와 같이 깨닫도록 할 것이며, 이와 같이 법을 구하면 아득하거나 답답하지 않을 것이다."

이때 세존께서 이런 뜻을 거듭 펴시려고 게송으로 말씀하셨습니다.

　　보안이여, 그대는 알라
　　시방세계 모든 중생들
　　몸과 마음 모두 환과 같아,
　　몸뚱이는 4대로 이루어지고

마음은 6진에 돌아가고,
4대 뿔뿔이 흩어지고 말면
어느 것이 화합된 것이런가,
이렇게 차례로 닦아나가면
모든 것이 두루 청정하여서,
움직이지 않고 법계에 두루 하리라.
짓고 그치고 맡기고 멸할 것도 없고,
또한 증할 이도 없는 것이니
모든 부처님 세상일지라도,
허공의 꽃과 같으리.
삼세가 모두 평등함이라,
마침내 오고 감도 없는 것
처음으로 마음 낸 보살이나
말세의 모든 중생들이
부처의 길에 들고자 한다면
이와 같이 닦고 익힐지니라.

이렇게 원각경 보안장이 완성되었습니다.

천지팔양경

이와 같이 나는 들었습니다.

한 때 부처님께서 비야달마성의 넓은 집에 계셨습니다. 그때 모든 곳에 늘 함께하는 사부대중이 둘러앉아 있었습니다.

그때 대중 가운데 있던 무애보살이 자리에서 일어나 부처님께 합장하고 이렇게 여쭈었습니다.

"세존이시여, 이곳 염부제의 중생들이 번갈아 태어나기를 옛적부터 지금까지 끊이지 아니하였으나, 유식한 자는 적고 무지한 자는 많으며, 부처님을 염하는 사람은 적고 잡신을 찾는 사람은 많으며, 계행을 지키는 사람은 적고 계행을 어기는 사람이 많으며, 정진하는 사람은 적고 게으른 자는 많으며, 지혜 있는 사람은 적고 어리석은 사람은 많으며, 오래 사는 사람은 적고 명 짧은 이는 많으며, 선정을 닦는 사람은 적고 마음이 산란한 사람은 많으며, 부귀한 사람은 적고 빈천한 사람이 많으며, 온유한 사람은 적고 억세고 거친 사람이 많으며, 흥성하는 사람은 적고 의지할 데 없는 사람이 많으며, 정직한 사람은 적고 아첨하는 사람이 많으며, 청렴하고 삼가는 사람은 적고 욕심많고 사악한 사람이 많으며, 보시하는 사람은 적고 인색한 사람이 많으며, 믿음직하고 성실한 사람은 적고 허망한 사람이 많아 세속이 천박하고 관법이 혹독하여 부역이 심하고 백성은 궁핍하고 어려워 바람이 이루어지기가 어려움은 사도를 믿고 소견이 잘못되어 이와 같은 고통을 겪는 듯합니다. 세존께서는 사견이 잘못된 모든 중생을 위하여 올바른 법을 설하시어 그들이 잘못을 깨닫고 모든 고통을 면하게 하여 주십시오.”

부처님께서 말씀하셨습니다. “옳다, 잘 말

했다. 무애보살이여, 그대는 대자비하다. 잘못된 견해를 가진 중생을 위해 불가사의한 여래의 바른 법을 묻는구나. 그대들은 자세히 듣고 깊이 생각하여라. 내가 그대를 위하여 천지팔양경을 분별하여 해설하리라. 이 경은 과거의 모든 부처님이 말씀하셨고 미래의 부처님이 말씀하실 것이요, 현재 부처님들이 말씀하신다.

하늘과 땅 사이 모든 만물 가운데 사람이 가장 뛰어나고 귀중하다. 사람은 바르고 참되다. 마음에 허망함이 없이 바르고 참되게 살아야 한다. 사람(人)의 왼편으로 삐친 획[ノ]은 바르다는 뜻이요, 오른편으로 삐친 획[\]은 참되다는 뜻이다. 항상 바르고 참된 행을 하므로 사람이라 하는 것임을 알라. 사람은 진리를 넓히고 도는 몸을 윤택케 하는 것이다. 도를 의지하고 사람을 의지하면 모두 성인의 도를 이룬다.

또 무애보살이여, 일체 중생이 사람으로

태어나 복을 닦지 않고 참된 것은 등지고 거짓되게 여러 가지 나쁜 업만을 짓게 되면 목숨을 마치고 괴로움바다에 빠져서 여러 가지 죄의 과보를 받는 것이다.

만약 이 경을 듣고 신심이 어긋나지 않으면 고생바다에서 나와 모든 죄업의 어려움에서 벗어나고 선신이 보호하여 모든 장애가 없어지고 수명이 늘어 횡액이나 일찍 죽는 일이 없어질 것이다. 믿는 힘만으로도 이와 같은 복을 받게 되거늘, 하물며 이 경을 전부 쓰거나 마음에 받아 마음에 지니며 읽고 외우는 사람이랴. 법답게 수행한 공덕은 이루 말할 수 없고 헤아릴 수 없고 한이 없으며 목숨이 마친 뒤에는 함께 붓다를 이루리라."

부처님께서 무애보살에게 말씀하셨습니다.

"만약 삿되고 잘못된 견해를 믿는 중생이 있다면 곧 마귀와 외도와 도깨비나 괴상한

새의 울음소리와 온갖 괴물과 악한 귀신들이 번갈아 와서 시끄럽고 귀찮게 할 것이며 나쁜 종기나 전염병 등 여러 가지 나쁜 횡액과 병을 주어서 쉬임없이 고통을 받게 될 것이다.

만일 선지식을 만나서 이 경을 세 번만 읽어주면 그런 악한 귀신들은 모두 소멸되어 병이 낫고 몸이 건강해져서 힘이 솟을 것이다. 이 경을 읽은 공덕으로 이와 같은 복을 얻게 될 것이다.

만약 음욕과 성냄과 어리석은 생각과 몹시 욕심내고 시기하는 마음이 많은 중생이 있다면 이 경을 보고 믿고 공경하고 공양하며 세 번만 읽으면 어리석고 미욱한 버릇이 모두 없어지고 자비희사를 일으켜 불법의 복을 얻게 될 것이다.

또한 무애보살이여, 만일 선남자선여인이 불법을 위하고 많은 일을 하려 할 때에 먼저 이 경을 세 번 읽고 담장을 쌓거나 터를 다지거나 집을 짓거나 안채나 바깥채나 동쪽 서쪽 행랑이나 주방과 객실을 고치거나 문을 내고 우물을 파고 아궁이를 고치고 방아를 놓고 곳간을 짓고 육축의 우리를 만들더라도 일유신과 월살귀와 장군태세와 황번표미와 오방지신과 청룡 백호 주작 현무와 육갑 금휘와 십이제신과 토위 복룡과 모든 귀신과 도깨비들이 다 숨거나 다른 곳으로 도망가며 형상과 그림자까지도 없어지고 해치지 못할 것이며 모든 일이 대길해져서 한량없는 복을 얻을 것이다.

선남자여, 역사를 이룬 다음에는 집안이 평안하고 가옥이 견고하며 부귀하고 상서롭고 번창하고 스스로 얻으려 하지 않으며, 혹 먼 길을 가거나 군에 입대해서 벼슬을 구하거나 장사를 하려고 하여도 매우 잘 되고 가문이 흥해 사람이 귀하되 대대로 부모는 자애롭고 자식은 효도하며 남자는 충직하고 여자는 정결하며, 형은 우애롭고 아우는 공순하며, 부부는 화목하고 친척 간에는 신의가 두터워서 바라는 바람이 다 이루어질 것이다.

만약 옥중에 갇혔거나 도적에게 잡힌 중생이 있다면 이 경을 세 번 읽으면 곧 풀려나게 되리라.

만약 천지팔양경을 받아 지녀 읽고 외우거나 남을 위해서 천지팔양경을 베끼는 선남자선여인이 있다면 물이나 불에 들어가더라도 타거나 떠내려가지 아니할 것이며, 혹시 험한 산에서 범이나 이리를 만나 잡아먹히지 않도록 선신이 호위해주어 위없는 도를 이룰 것이다.

또한 망령된 말과 꾸며대는 말과 욕설과 이간하는 말을 많이 하는 사람이 [있다면,] 이 경을 받아 지녀 읽고 외우면, 영원히 네 가지 허물이 없어지고 네 가지 무애변을 얻어서 불도를 이룰 것이다.

또한 선남자선여인의 부모에게 죄가 있

거나 죽어 지옥에 떨어져서 많은 고통을 받게 되었더라도 그 자식이 이 경을 일곱 번만 읽으면 그 부모가 곧 지옥에서 풀려나 천상에 태어나 부처님 법문을 듣고 무생법인을 깨달아서 불도를 이룰 것이다."

부처님께서 무애보살에게 말씀하셨습니다.

"비바시 부처님 때에 어느 우바새 우바이가 사교를 믿지 않고 불법을 숭상하며 이 경을 베껴 지녀 읽고 외우며, 할 일을 다 하면서 한 번도 의문 나는 것이 없이 올바르게 믿은 까닭에 보시를 많이 행하고 고르게 공양하고 정결한 몸을 얻어서 붓다를 이루었으니, 보광여래응정등각이라 하였고 겁명은 대만이며 그 세계 이름은 무변세계이며 그 세계 백성들이 다만 보살도를 행하였을 따름이요, 법을 얻었다는 것이 없었다.

또 무애보살이여, 이 천지팔양경이 염부

제에 유행하는 곳마다 여덟보살과 모든 범천왕과 일체 신명들이 이 경을 보호하며 향과 꽃으로 공양하기를 붓다에게 하듯이 할 것이다."

부처님께서 무애보살에게 말씀하셨습니다.

"만일 선남자선여인이 중생을 위해 이 경을 강설하므로 실상을 깊이 깨닫고 깊은 이치를 얻으면, 그 몸이 바로 붓다의 몸이요, 마음이 바로 불법의 마음이라는 것을 알 것이다.

그러므로 그것이 지혜로운 것이다. 눈은 항상 여러 가지 한없는 색을 보는데 색이 곧 공이고 공이 곧 색이며 수와 상과 행과 식도 역시 공이니 묘색신여래이며, 귀는 항상 여러 가지 한없는 소리를 듣는데 소리가 곧 공이고 공이 곧 소리이니 묘음성여래이며, 코는 항상 여러 가지 한없는 냄새를 맡는데 냄새가 곧 공이고 공이 곧 냄새이니 향적여래이며, 혀는 항상 여러 가지 한없는 맛을 아는데 맛이 곧 공이고 공이 곧 맛이니 법희여래이며, 몸은 항상 여러 가지 한없는 촉감을 느끼는데 촉이 곧 공이고 공이 곧 촉이니 지승여래이며, 뜻은 항상 여러 가지 한없는 법을 생각하며 분별하는데 법이 곧 공이고 공이 곧 법이니 법명여래이다.

선남자여, 이 육근이 나있는 사람들이 다 입으로 늘 좋은 말을 하여 좋은 법이 퍼지면 성인의 도를 이룰 것이나 나쁜 말을 해서 늘 나쁜 법이 퍼지면 지옥에 떨어지게 될 것이다. 선남자여, 어찌 선악의 이치를 터득하지 않고 믿지 않으랴.

선남자여, 사람의 몸과 마음은 불법을 담는 그릇이며, 십이부 대경전이다. 옛적부터 현재까지 독경하였으나 다하지 못하였고 줄이지 못하였다. 이 여래장경은 마음을 알고 성품을 본 사람만이 알 수 있는 것이요,

성문이나 범부들이 알 수 있는 것이 아니다.

선남자여, 이 경을 읽고 외워서 깊은 진리를 깨치면 이 몸과 마음이 곧 불법을 담는 그릇인 줄 알지만, 만약 어리석음에 빠져 깨닫지 못하면 마음이 불법의 근본이 된다는 것을 모르고, 여러 갈래로 방황하다가 악한 길로 떨어져서 영원히 고통의 바다에 빠지게 되고 불법이라는 말조차도 듣지 못할 것이다."

그때에 대중 속에 있던 오백 천인들이 부처님 말씀을 듣고 법안이 밝아져 크게 기뻐하며 곧 비교할 수 없는 위없고 바른 깨달음의 마음을 일으켰습니다.

무애보살이 다시 부처님께 여쭈었습니다.

"세존이시여, 세상에 태어난 사람에게는 나고 죽고 하는 것이 가장 소중하겠으나 날 때에도 택일을 하지 못하고 때가 되면 나게 되고, 죽을 때에도 택일을 하지 못하고 때가 되면 죽게 되거늘 어찌해서 초빈과 장사지낼 때에 좋은 때와 날을 택해서 초빈하고 장사지내거늘 그렇게 한 후에도 오히려 해가 되어 빈궁한 사람이 많고 가문이 멸망하는 일까지 적지 않습니까.

세존이시여, 소견이 잘못된 중생들을 위해서 그 인연을 말씀해 주셔서 올바른 소견을 지니고 뒤바뀐 소견을 제거하여 주시옵소서."

부처님께서 말씀하셨습니다.

"잘 말했다, 선남자여, 그대는 중생들의 나고 죽는 일과 초빈과 장사지내는 법을 잘 질문하였다. 그대들은 자세히 들으라. 그대들을 위해서 지혜로운 이치와 바른 이치를 말하리라.

무릇 하늘과 땅은 넓고 맑으며 해와 달은 항상 밝다. 어느 때이나 좋고 아름다울 뿐 다름이 없다.

선남자여, 인왕보살이 큰 자비로 중생들을 불쌍히 여기기를 어린아이같이 하는 탓으로 사람들의 임금이 되어 백성의 부모가 되었을 적에는 세속 사람들을 수순하여 세속의 법을 가르치고 일력을 만들어 천하에 반포해서 절후를 알게 하였으며, 만, 평, 성, 수, 개, 제, 집, 위, 파, 살이란 문자가 있게 되었다.

어리석은 사람은 문자대로만 믿어 흉화를 면하지 못하고, 또 사도를 하는 사람들은 쓸데없이 이것을 부연해서 이것이 옳고 저것이 그르다고 하면서 삿된 신과 아귀에게 구하고 절하다가 오히려 재앙을 부르고 괴로움을 받는 것이다. 그런 사람들은 천시를 배반하고 지리에 어긋나며 해와 달의 밝은 빛을 등지고 항상 어두운 곳으로 가는 것이며 바른 길인 넓은 길을 버리고 항상 나쁜 길을 찾는 것이므로 뒤바뀐 소견이 심한 것이다.

선남자여, 해산하려 할 때에 이 경을 세 번만 읽으면 아기가 쉽게 나고 길할 것이며 총명하고 지혜롭고 복덕이 풍성하며 요절하지 않을 것이요,

임종 시에 이 경을 세 번만 읽으면 조금의 방해함이 없이 한량없는 복덕을 얻는다.

선남자여, 날마다 좋은 날이요, 달마다 좋은 달이요, 해마다 좋은 해이니 (조금의 나쁜) 간격이 없다. 준비만 되었으면 어느 때나 초빈과 장사지내되 장사지내는 날에 이 경을 일곱 번만 읽어주면 크게 길하고 이로우며 무량한 복을 받을 것이며, 가문이 영화롭고 사람은 귀히 되며 수명이 길어져 장수하고 임종하는 날에는 성인의 도를 이룬다.

선남자여, 초빈(염습)과 장사지낼(매장) 곳에 대해 동서남북의 편안한 자리를 가리지 말라. 사람이 좋아하는 곳은 귀신도 좋아하는 곳이다. 이 경을 세 번 읽고 일을 시작해서

묘를 쓰고 묘 터를 마련하면 재앙은 영원히 사라지고 집안은 부유해지고 사람은 앞길이 트이며 크게 길하고 이로울 것이다."

그때에 세존께서 그 뜻을 거듭 당부하사 게송으로 말씀하셨습니다.

"살았을 때도 좋은 날이요,
장사 때도 좋은 때로다.
날 때나 죽을 때에 이 경을 읽으면
크게 이로우리라.
달마다 좋은 달이요,
해마다 좋은 해로다.
이 경 읽고 장사지내면
영화가 영원하리라."

그때에 대중 가운데서 7만7천 명이 붓다님이 설하신 말씀을 듣고 마음이 열리고 뜻이 풀려서 사도를 버리고 정도로 돌아와 불법을 얻어서 영원히 의혹을 끊고 모두 아눗다라삼먁삼보디심을 내었습니다.

무애보살이 다시 부처님께 여쭈었습니

다.

"세존이시여, 모든 범부가 혼인으로 친척이 되려 할 때에 먼저 조건이 맞는가를 물어보고 그 후에 길일을 택해서 혼례를 치루지마는 혼인한 후에 부귀하여 해로하는 사람은 적고 빈궁하게 살다가 이별하고 사별하는 사람이 많은데 똑같이 삿된 말을 믿습니다. 어찌하여 이와 같은 차별이 있습니까. 세존은 대중의 의문을 풀어주십시오."

부처님께서 말씀하셨습니다.

"선남자여, 잘 들으라. 그대들을 위하여 설명하리라.

하늘은 양이요 땅은 음이며, 달은 음이요 해는 양이라. 물은 음이요 불은 양이라. 남자는 양이요 여자는 음이니, 하늘과 땅의 기운이 합해서 온갖 초목이 나고, 해와 달이 운행하니 사시와 팔절이 드러나고, 불과 물이 서로 순수하여 온갖 만물이 자라고,

남자와 여자가 화합해서 자손이 번성하는 것이다. 모두가 하늘과 땅의 도리이며 자연의 이치며 세속의 법인 것이다.

　선남자여, 어리석은 사람은 지혜가 없어서 삿된 사람을 믿어 점치고 길하기를 바라고 선한 일을 닦지 않고 여러 가지 악한 업만 짓는다. 죽은 후에 다시 사람으로 태어나는 사람은 마치 손톱 끝의 흙과 같이 적고, 지옥에 떨어져서 아귀가 되거나 축생으로 생겨나는 이는 대지의 흙과 같이 많다.

　선남자여, 사람으로 태어나더라도 바른 일을 믿고 착한 일을 하는 사람은, 손톱 끝의 흙과 같이 적고, 나쁜 도를 믿고 악한 일을 하는 사람은 대지의 흙과 같이 많다.

　선남자여, 혼인을 하려고 할 때에 수화가 상극이 된다고 하거나, 포와 태가 서로 누른다거나 나이가 맞지 않는다고 따지지 말라. 다만 녹명서를 보면 복덕이 많고 적은 것을 알 수 있으니 그것으로 권속을 삼으라.

친영하는 날에 이 경을 세 번 읽고 성례를 하면 좋은 일 만이 항상 지속되고 광명이 서로 모여서 가문은 높아지고 사람은 귀히 되며 자손은 흥성하되 총명하고 지혜롭고 재주 있고 솜씨 좋고 효도하고 공경 잘하며 대대로 이어가면서 크게 길하고 이로울 것이요, 요절하지 않으며 복덕이 구족하여 모두 불도를 이룰 것이다."

그때에 부처님의 위신을 받아서 대총지를 얻고 밝은 광명을 싸서 감추고 항상 인간세상에 머물면서 사도를 파하고 정도를 세우며, 사생을 제도하여 해탈에 머물게 하여 자신과 다르게 하지 아니하는 발타라보살누진화, 나린갈보살누진화, 교목도보살누진화, 나라달보살누진화, 수미심보살누진화, 인저달보살누진화, 화륜조보살누진화,

무연관보살누진화의 여덟 보살이 있었습니다.

여덟 보살이 함께 부처님께 여쭈었습니다.

"세존이시여, 저희들이 여러 부처님 처소에서 받은 다라니 주문을 지금 말하여 천지팔양경을 받아 지니고 읽고 외우는 사람을 옹호해서 영원토록 두려움이 없게 하고 또 온갖 나쁜 것들로 하여금 이 경을 읽는 법사들을 침범하지 못하도록 하겠습니다."

부처님 앞에서 주문을 외웠습니다.

「아거니 니거니 아비라 만례 만다례」

"세존이시여, 만약 법사를 귀찮게 하려는 나쁜 사람이 있더라도 제가 설하는 이 주문을 들으면 아리나무가지처럼 머리가 일곱 쪽으로 깨어지게 하겠습니다."

그때에 무변신보살이 자리에서 일어나 부처님께 여쭈었습니다.

"세존이시여, 어찌하여 천지팔양경이라

합니까. 세존께서는 모든 청중을 위하여 그 뜻을 말씀하셔서 청중으로 하여금 뜻을 깨달아 빨리 마음의 근본을 통달하고 부처님의 지견에 들어 의심을 끊게 하십시오."

부처님께서 말씀하셨습니다. "잘 말했다, 선남자여, 그대들은 자세히 들으라. 내가 그대들을 위하여 이제 천지팔양경의 뜻을 분별해서 설명하리라.

하늘은 양이고, 땅은 음이며, 여덟은 분별한다는 뜻이고, 양은 분명히 밝혀 안다는 뜻이니, 대승의 함이 없는 이치를 분명히 알아서 팔식을 분별하면 인연이 공하여 얻을 것이 없음을 분명히 알 수 있다.

또한 팔식은 날줄이고 양자와 명자가 씨줄이니, 날줄과 씨줄이 서로 어울려서 경전을 이룬 까닭에 팔양경이라 한다.

여덟은 팔식이니, 육근의 육식과 함장식·아뢰야식을 팔식이라 한다. 팔식을 분별하면 근원이 공하여 자성이 없음을 분명히 알 수 있다.

그러므로 '두 눈은 광명천이니 광명천 가운데에는 일월광명세존을 나타내고, 두 귀는 성문천이니 성문천 가운데는 무량성여래를 나타내고, 두 코는 불향천이니 불향천 가운데는 향적여래를 나타내고, 입의 혀는 법미천이니 법미천 가운데는 법희여래를 나타내고, 몸은 노사나천이니 노사나천 가운데는 성취노사나불과 노사나경상불과 노사나광명불을 나타내고, 뜻은 무분별천이니 무분별천 가운데는 부동여래 대광명불을 나타내고, 마음은 법계천이니 법계천 가운데는 공왕여래를 나타내며, 함장식천에는 아나함경과 대반열반경을 연출하고, 아뢰야식천에서는 대지도론경과 유가론경을 연출한다. 선남자여, 불이 곧 법이요, 법이 곧 불이니 합해서 한 모양이 되어 대통지승여래를 나타내는 것'임을 알아라."

부처님께서 이 경을 말씀하실 때에 온

땅은 여섯 가지로 진동하고 광명이 하늘과 땅에 비쳐서 끝이 없이 호호탕탕하여 무엇이라고 부를 수 없었으며 모든 어둠이 모두 밝아지고 온갖 지옥이 일시에 소멸해서 여러 죄인들이 전부 고통을 면하였습니다.

그때에 대중 가운데 팔만팔천 보살이 함께 성불하였으니, 공왕여래응정등각이고 겁명은 이구이며 국호는 무변이니 온갖 백성들이 다 보살의 육바라밀을 행하여 너나 할 것 없이 무쟁삼매를 증득해서 더 얻을 것이 없는 데에 이르렀고, 육만육천 비구와 비구니·우바새·우바이들은 대총지를 얻어서 불이(不二)불법에 들어갔고, 수없는 천 룡 야차 건달바 아수라 가루라 긴나라 마후라가의 사람과 사람 아닌 이들은 법의 눈이 깨끗해짐을 얻어서 보살도를 행하였습니다.

"선남자여, 또 관계에 진출하여 부임하는 날이나 새 집에 들어갈 때에 이 경을 세 번만 읽는 사람이 있다면 크게 길하고 유익하여 선신이 가호하며 수명이 연장되어 장수하고 복덕이 풍성할 것이다.

선남자여, 이 경을 한 번만 읽어도 모든 경을 한번 읽은 것과 같고, 이 경을 한 권만 베껴도 모든 경을 한번 베낀 것과 같으므로 그 공덕은 말할 수 없고 허공과 같아 한량없고 끝이 없으며 성인의 도과를 이룬다.

또 무변신보살마하살이여, 만약 정법은 믿지 않고 잘못된 사견만 내다가 문득 이 법문을 듣고 즉시 부처님 말씀이 아니라고 하며 비방하는 중생이 있다면 이 사람은 금생에는 나병이 걸려서 온몸에 더러운 창질이 생겨서 피고름이 흐르며 악취가 풍겨서 사람들의 미움을 받으며, 임종하는 날에는 아비무간지옥에 떨어져서 위에 붙은 불은 아래로 내려 뿜고 아래 불은 위로 올려 뿜으며 쇠창으로 온몸을 찌르며 구리 녹인

물을 입에 부으니 뼈와 힘줄이 녹아서 문드러지며 하루낮과 밤 사이에 만 번이나 죽고 사는 수없는 고통을 쉴 새 없이 받는다. 이 경을 비방한 까닭에 이와 같은 죄를 받는다."

부처님께서 죄인들을 위하여 게송으로 말씀하셨습니다.

"이 몸도 저절로 났고
오체도 저절로 생겼네.
저절로 자라고 저절로 늙어가며,
저절로 태어나고 저절로 죽어가네.
장수하려 해도,
죽으려고 해도 아니 되네.
고통과 즐거움도 네 할 일이고
삿되고 바름도 네게 달렸으니
공덕 지으려면 이 경 읽되
삿된 스승에게 묻지 말라.
천추만대에 깨달음 얻고 법륜을 굴릴지니라."

부처님께서 이 경전을 설하시자, 모든 대중이 일찍이 없었던 마음이 밝아지고 뜻이 깨끗해짐을 얻고 즐거워하면서 모든 모양과 참 아닌 모양을 보고 불지견에 들었습니다. 불지견을 깨달아 들어가 깨달은 것도 없으며, 아는 것도 보는 것도 없음에 어떤 법도 얻지 아니하였으니 열반의 즐거움이었습니다.

천지팔양신주경이 완성되었습니다.

무상계

사바세계 훌쩍떠나 저승으로 가신이여
무상계라 하는법문 한마디로 말하자면
부처님의 열반세계 들어가는 관문이요
고통바다 건네주는 반야용선 자비배라

그러기에 예로부터 일체모든 부처님이
무상계로 말미암아 열반세계 드시옵고
일체모든 중생들도 무상계로 말미암아
고통바다 건너오니 선망조상 영가시여

당신께서 이제오늘 여섯가지 감관이며
여섯가지 대상들을 훌훌털어 버리시고
신령스런 알음알이 뚜렷하게 드러내어
위가없고 깨끗하온 부처님계 받으시니

이얼마나 다행하고 다행스런 일이리까
사바세계 훌쩍떠나 저승으로 가신이여
겁의불길 타오르면 대천세계 무너지고

수미산과 너른바다 마멸되어 남음없소

그렇거늘 인연따라 이루어진 이내몸이
태어나고 늙어가고 병이들고 죽음이며
근심이며 슬픔이며 가지가지 고뇌들을
어찌능히 멀리하고 벗어날수 있으리까

저승으로 가신이여 선망조사 영가시여
머리카락 솜털수염 손톱발톱 위아랫니
살과살갗 뼈와힘줄 골수뇌수 때와먼지
필경에는 본래온곳 흙의세계 돌아가고

침과눈물 피와고름 진액가래 땀방울과
남녀정기 똥오줌은 물의세계 돌아가고
덥혀주던 그체온은 불의세계 돌아가며
움직이던 그기운은 바람으로 돌아가서

지수화풍 사대요소 제뿔뿔이 흩어지면
가신님의 오늘몸은 어느곳에 계시온지
사대요소 알고보면 인연으로 이뤄진것
애착할게 못되옵고 슬퍼할게 없나이다

사바세계 훌쩍떠나 저승으로 가신이여
그시작을 알수없는 아득하온 예로부터
오늘여기 이자리에 이상황에 이르도록
열두가지 연기법을 의지하여 오셨나니

무명으로 말미암아 움직임이 있게되고
움직임은 인식에로 인식에서 이름모양
이름모양 여섯감관 여섯감관 접촉으로
접촉에서 느낌으로 느낌에서 사랑으로

사랑에서 취착으로 취착에서 있음에로
있음에서 태어나고 태어남에 늙고죽음
근심이며 슬픔이며 질병이며 미움이며
여러가지 온갖고통 번뇌들이 생긴다오

그러므로 그원인을 되짚어서 생각하면
열두가지 연기법은 무명그게 뿌리여서
무명만일 사라지면 움직임이 사라지고
움직임이 사라지면 인식또한 사라지며

인식만일 사라지면 이름모습 사라지고

이름모습 사라지면 여섯감관 사라지며
여섯감관 사라지면 접촉마저 사라지고
접촉만일 사라지면 느낌마저 사라지오

느낌만일 사라지면 사랑역시 사라지고
사랑만일 사라지면 취착또한 사라지며
취착함이 사라지면 있음마저 사라지고
있음만일 사라지면 태어남도 사라지며

태어남이 사라지면 늙음이며 죽음이며
모든근심 온갖슬픔 질병이며 미움이며
사고팔고 일체고통 한결같이 사라지고
팔만사천 온갖번뇌 모두모두 사라지오
이세상의 모든법은 근본자리 그로부터
언제든지 그스스로 고요하온 모습이니
불자로서 이와같이 올바르게 체득하면
오는세상 언젠가는 부처됨을 얻으리다

이세상의 온갖행은 영원하지 아니하여
인연따라 생겨나고 사라지는 법이라오
생겨나고 사라짐이 죄다모두 사라지면

평화롭고 고요하여 최고가는 낙이리다

사바세계 훌쩍떠나 저승으로 가신이여
거룩하신 불타계율 지성으로 받으시고
거룩하신 달마계율 지성으로 받으시며
거룩하신 승가계율 지성으로 받으소서

과거보승 여래시며 응공이며 정변지며
명행족에 선서시며 세간해며 무상사며
조어장부 천인사며 부처이며 세존이신
거룩하신 성자에게 지성귀의 하옵니다
선망조상 영가시여 저승으로 가신이여
육신껍질 벗어놓고 생각마져 던져두고
신령스런 알음알이 뚜렷하게 드러나서
부처님의 무상정계 그몸으로 받으시니
어찌아니 즐거우며 어찌아니 즐거우리
천당이든 극락이든 생각대로 가옵시며
극락이든 불국토든 마음대로 가옵소서
너무나도 상쾌하며 덩실덩실 춤을추리

서쪽에서 오신조사 그의뜻이 당당하여

그마음을 맑힌다면 본성품의 고향이리
아름다운 본체성은 담담하고 두루하여
산하대지 삼라만상 참된광명 나타내네.

광명진언
「옴 아모가 바이로차나 마하무드라 마니
파트마 즈바라 프라바룻타야 훔」

[이 진언은 십악오역의 중죄를 지은 사람이 두서너 번 듣기만 하여도 모든 죄업이 다 소멸된다고 하였고, 많은 죄를 지어 죽어 지옥에 떨어졌더라도 깨끗한 모래에 이 진언을 백팔 번 외워서 그 모래를 그 사람의 시체나 무덤 위에 흩어주면 모든 죄가 소멸되어 곧 극락세계에 가서 난다고 하였다.]

상좌 불교 예송문

예경문

그분, 세존이시며 아라한이시며
완전한 깨달음에 이르신 분께 예배합니다.
그분, 세존이시며 아라한이시며
완전한 깨달음에 이르신 분께 예배합니다.
그분, 세존이시며 아라한이시며
완전한 깨달음에 이르신 분께 예배합니다.

삼귀의 三歸依

거룩하신 붓다님께 귀의합니다.
거룩하신 가르침에 귀의합니다.
거룩하신 상 가 에 귀의합니다.

두 번째도 거룩하신 붓다님께 귀의합니다.
두 번째도 거룩하신 가르침에 귀의합니다.
두 번째도 거룩하신 상 가 에 귀의합니다.

세 번째도 거룩하신 붓다님께 귀의합니다.
세 번째도 거룩하신 가르침에 귀의합니다.

세 번째도 거룩하신 상가에 귀의합니다.

오계 五戒

　살아있는 생명을 해치지 않아야 한다는 계를 지키겠습니다.
　남이 주지 않은 물건을 갖지 않아야 한다는 계를 지키겠습니다.
　그릇된 성적 행위를 하지 않아야 한다는 계를 지키겠습니다.
　거짓된 말을 하지 않아야 한다는 계를 지키겠습니다.
　정신을 흐리는 술이나 약물 등을 먹지 않아야 한다는 계를 지키겠습니다.

붓다佛 예찬

그분 여래께서는 아라한[應供]이시며,
올바로 완전히 깨달은 분[正遍智]이시며,
지혜와 실천을 구족한 분[明行足]이시며,

진리의 길로 잘 가신 분[善逝]이시며,
세간을 잘 아시는 분[世間解]이시며,
위없이 높으신 분[無上士]이시며,
인간을 잘 길들이는 분[調御丈夫]이시며,
천신들과 인간들의 스승[天人師]이시며,
깨달은 분[佛]이시며 세존(世尊)이십니다.

담마法 예찬

세존께서 잘 설하신 가르침은,
현생에서 즉시 확인할 수 있는 가르침이며,
시간을 초월해 있는 가르침이며,
모든 사람에게 열려 있는 가르침이며,
열반으로 이끌어 줄 수 있는 가르침이며,
지혜로운 이라면 스스로 보고 깨달을 수 있는 가르침입니다.

상가僧 예찬

세상에서 존귀하신 분의 제자들의
  모임인 상가는
좋은 방법으로 수행하며
올바른 방법으로 수행하며
지혜로운 방법으로 수행하며
바르고 적절한 방법으로 수행하니,
이들은 네 쌍의 도와 과를 성취한
  인간들이며,
여덟 부류의 성스러운 수행자들의
  모임으로서,
세존의 성스러운 제자들의 모임인
  이 상가는,
공양을 올릴 가치가 있고, 환대할 가치가
  있으며,
보시를 드릴 가치가 있고, 예경을 올릴
  가치가 있는,
세상에서 가장 훌륭한 공덕의 복전입니다.

행 복 경 (Mangala Sutta)

이와 같이 나는 들었습니다.
한 때 세존께서 사위성의 제타태자의 숲에 있는 급고독장자가 지은 기원정사에 계셨습니다.

그 때 어떤 천인이 한 밤중에 아름다운 모습으로 기원정사를 환히 비추며 세존께서 계신 곳으로 다가와 세존께 게송으로 이와 같이 여쭈었습니다.

[천인]
많은 천인들과 사람들,
최상의 행복을 소망하면서,
행복을 바라고 생각하오니,
최상의 행복에 대해 말씀해 주소서.

[세존]
어리석은 사람과 사귀지 않고,
현명한 사람과 가까이 지내며,

존경할 만한 이를 공경하는 것,
이것이 더 없는 행복이다.

분수에 맞는 곳에서 살고,
일찍이 쌓은 공덕이 있으며,
스스로 바른 서원을 확립하는 것,
이것이 더 없는 행복이다.

많이 배우고 좋은 기술을 익히며
몸과 마음을 계율로 잘 다스리고
선하고 부드럽게 대화를 나누는 것,
이것이 더 없는 행복이다.

아버지와 어머니를 잘 모시고,
아내와 자식을 사랑으로 보살피며,
일을 함에 안정되어 혼란스럽지 않으니,
이것이 더 없는 행복이다.

널리 베풀고 정의롭게 살며,
친지들과 화합하며 서로 돕고,
남으로부터 비난받지 않게 행동하니,

이것이 더 없는 행복이다.

악한 행위들을 삼가고 경계하며,
술과 약물을 절제하고,
선행에 게으르지 않으니,
이것이 더 없는 행복이다.

타인을 존경하고 겸손하며,
만족과 감사할 줄 알며,
적당한 때에 진리의 가르침을 듣는 것,
이것이 더 없는 행복이다.

인내하고 온화하게 말하며,
때로는 수행자를 만나서
진리의 가르침을 듣고 논의하니,
이것이 더 없는 행복이다.

부지런히 정진하여 청정하게 살며,
성스러운 진리를 이해하고 통찰하여,
거룩한 열반을 이루니,
이것이 더 없는 행복이다.

세상살이 번잡한 일에 부딪쳐도
마음이 안정되어 흔들리지 아니하고,
슬픔과 걱정 없이 안온한 것
이것이 더 없는 행복이다.

누구라도 이러한 방법으로 살아간다면,
어디서든 실패하는 일이 없이
모든 곳에서 행복하리니,
이것이 더 없는 행복이다.

모든 중생이 행복하기를!!

자 애 경 (Metta sutta)

누구든지 착한 일을 능숙하게 실천하고
평정의 경지를 이루고자 하는 사람은
매사에 올바르고 정직하며
고결하고 온화하여 교만하지 말지어다.

작은 것에도 만족할 줄 알아
  다른 이가 보시하기 쉬워야 하며,
몸과 마음 분주하지 않고 검소하게 살며
감관이 안정되어 고요하니
세속의 일에 욕심내지 않고
  집착하지 않는다.

현명한 사람들의 비난을 살만한
작은 허물도 범하지 않으니
모든 존재들은 안락하게 되기를
평화롭고 행복하게 되기를.

살아 있는 생명이라면 어떤 것이라도

움직이는 것이나 움직이지 않는 것이나
약하건 강하건 긴 것이건 짧은 것이건
큰 것이든 작은 것이든 중간 것이든
미세하거나 거칠 거나 모두 예외 없이

눈에 보이는 것이나 보이지 않는 것이나
멀리 있는 것이나 가까이 있는 것이나
이미 태어난 것이나 태어날 것이나
모든 존재들은 행복하여지이다.

어느 누구든 서로를 속이지 않고,
어디서든지 멸시하지 말지니,
분노와 증오로 인하여
다른 이의 고통을 바라지 않나이다.

마치 어머니가 하나뿐인 아들을
자신의 목숨 바쳐 보호하듯이
이 세상의 모든 존재들을 위하여
한량없는 자애의 마음을 닦게 하여지이다.

그리하여 온 세상의 모든 곳으로
위로 아래로 옆으로
걸림 없이, 증오 없이, 적의 없이,
한량없는 자애의 마음을 닦게 하여지이다.

서 있거나 걷거나 앉았거나 누워 있거나
깨어있는 동안에는 언제나
항상 자애의 마음을 닦아나가니
이를 고귀한 삶이라 세상에서 말한다.

삿된 견해에 매이지 않고 계행을 지키며
통찰력을 갖춰 감각적인 욕망을 다스리면
결코 다시 모태에 들어 윤회하지 않으리.

[餘波: 붓다아카데미 信行憲章]

일삼오공

나모붓다야!

붓다아카데미는 붓다의 가르침[보디]을 공부하며, 붓다의 제자 바웃다[불자]들의 신행문화인 의례를 연구하고 실천하는 배움터입니다.

그 구체적인 실천방법은 일삼오공(一三悟空)입니다.

첫째, 깨치신 분 붓다의 명호를 칭명 예경하여 나의 몸과 마음이 붓다의 몸과 마음과 하나이기를 기원하는 **나모붓다야** 십념칭명을 일심으로 실천합니다[一].

둘째, **나모붓다야** 십념칭명을 하루 삼 회 실천하며[염불], 붓다의 말씀인 경전을 읽고[간경], 조용히 마음을 멈추고 일체[나와 대상과 가르침]를 사유하고 관찰하며[명상], 계정혜 삼학을 실천합니다[三].

셋째, 그 결과 나와 세상의 일체에는 고유의 속성이 따로 없음을 깨칩니다. 일체[오온, 6근 12처 18계]는 연기적 존재이므로 무상하며 무아이고, 그것을 깨쳐 바로 알지 못하면 고통이라는 붓다의 교설을 깨닫는 것입니다[悟空].

붓다아카데미에서 붓다를 뵙고 길벗을 만나 함께 깨침을 이루고자 하는 분들을 기다립니다.

빠라미타!

보 석 경 (Ratana sutta)

이 자리에 모인 모든 존재들이여!
땅 위에 있는 것이건 하늘에 있는 것이건,
그 모든 존재들은 언제나 행복하라.
마음을 가다듬고 귀 기울여 내 말을 들으라.

모든 존재들이여 귀를 기울여 들어라.
밤낮으로 그대들에게 제물을 바치는
인간의 자손들에게 자비를 베풀어라.
함부로 대하지 말고 그들을 보호하라.

이 세상과 다음 세상의 그 어떤 재물이라도,
천상세계의 뛰어난 보배라 할지라도,
정각을 성취하신 분에 견줄 만한 것은 없다.
붓다는 세상에서 가장 훌륭한 보배이니,
이러한 진실로 인하여 모두 행복하라.

석가족의 성자가 완전한 고요와 삼매로
  성취한 적멸과 불사의 경지,
이것과 견줄만한 보배는 어디에도 없다.

가르침은 이 세상에서 가장 훌륭한
  보배이니,
이러한 진실로 인하여 모두 행복하라.

붓다께서 칭찬하신 청정한 삼매는
즉각적인 결과를 가져오는 삼매이다.
그 삼매와 견줄 것은 어디에도 없다.
가르침은 세상에서 가장 훌륭한 보배이니,
이러한 진실로 인하여 모두 행복하라.

모든 현자들이 찬탄해 마지않는
네 쌍의 여덟 사람들이 있다.
그들은 선서의 제자로서 공양 받을 만하며,
그들에게 보시하면 크나큰 결실이 있다.
상가는 세상에서 가장 훌륭한 보배이니,
이러한 진실로 인하여 모두 행복하라.

감각적 욕망이 없이 확고한 마음으로,
고따마의 가르침에 따라
  잘 수행하는 이들은

불사의 경지에 들어가 목표를 성취해서
적멸과 평온을 즐긴다.

상가는 세상에서 가장 훌륭한 보배이니,
이러한 진실로 인하여 모두 행복하라.

단단한 기둥이 땅속에 깊이 박혀 서있으면
사방의 거센 바람에도 흔들리지 않듯이
성스런 진리를 깨달은 참사람도
이와 같다고 나는 말한다.

상가는 세상에서 가장 훌륭한 보배이니,
이러한 진실로 인하여 모두 행복하라.

심오한 지혜를 갖춘 붓다님께서 잘 설하신
성스런 진리를 바르게 이해하는 사람들은
비록 방일함이 있다 하더라도,
여덟 번째의 태어남을 받지 않는다.

상가는 세상에서 가장 훌륭한 보배이니,
이러한 진실로 인하여 모두 행복하라.

통찰을 성취함과 동시에,

세 가지의 삿된 견해에서 완전히 벗어나니
곧 존재에 실체가 있다는 견해와[有身見]
회의적인 의심, 계행과 의식에 대한
집착[戒禁取見]의 어떤 것이라도
  즉시 제거된다.

그는 사악도를 완전히 벗어나고
여섯 가지의 악행을 범하지 않는다.

상가는 세상에서 가장 훌륭한 보배이니,
이러한 진실로 인하여 모두 행복하라.

몸과 말과 생각으로 저지른
  어떠한 잘못이라도
결코 그것을 감추지 못하니,
궁극의 길을 본 사람은
  그것을 감출 수 없다.

상가는 세상에서 가장 훌륭한 보배이니,
이러한 진실로 인하여 모두 행복하라.

여름날의 첫 더위가
  숲속 총림의 꽃을 피워내듯,

붓다의 묘법의 가르침은
  최상의 행복인 열반으로 인도한다.

붓다는 세상에서 가장 훌륭한 보배이니,
이러한 진실로 인하여 모두 행복하라.

최상의 것을 알고, 최상의 것을 주고,
최상의 것을 가져오는, 최상의 님께서,
최상의 가르침을 설하셨다.

붓다는 세상에서 가장 훌륭한 보배이니,
이러한 진실로 인하여 모두 행복하라.

과거의 업은 소멸되고
  새로운 업은 쌓지 않으며,
미래에 집착하지 않고
  번뇌의 근원을 파괴하고 소멸하였으니,
현자들은 마치 등불이 꺼지듯 열반에 든다.

상가는 세상에서 가장 훌륭한 보배이니,
이러한 진실로 인하여 모두 행복하라.

이 자리에 모인 존재들이여,

천인과 인간들에게 존경을 받는
이렇게 오신 님 붓다께 예경하오니
땅에 있는 존재이건 공중에 있는 존재이건,
모두 행복하라.

이 자리에 모인 존재들이여,
천인과 인간들에게 존경을 받는
이렇게 오신 님 가르침에 예경하오니,
땅에 있는 존재이건 공중에 있는 존재이건,
모두 행복하라.

이 자리에 모인 존재들이여,
천인과 인간들에게 존경을 받는
이렇게 오신 님 상가에 예경하오니,
땅에 있는 존재이건 공중에 있는 존재이건,
모두 행복하라.

담장 밖의 경 (Tirokuḍḍasutta)*

① 망자들은 담장 밖에서 그들의 옛집에
들어오려고 문설주 앞에 서 있네.
② 그러나 사람들은 풍부한 음식을 먹고
마시지만 망자가 지은 과거의 업 때문에
누구도 그를 기억하지 않네.
③ 망자를 연민하는 사람들은 적절한 때에
망자에게 맛있고 정갈한 음식으로 보시하며
이렇게 기원해야 하네. "이 공양이 죽은
이에게 전해지기를! 그들이 행복하게
되기를!"
④ 친지들이 보시한 음식 주위에 모여든
망자들은 감사하며 정성 다해 친지들을
축원하네.
⑤ "친지들의 공양으로 이익을 얻었으니
음식을 보시한 친지들이 장수하기를! 그들이
이 공덕으로 행복하게 되기를!"
⑥ 망자들의 세계에는 경작지도 없고, 소도

---

* Tirokuḍḍasutta, khp7.

담장 밖의 경   419

없으며, 팔고 살 물건들이 없다네. 망자들은
오직 우리가 주는 것만으로 살아갈
뿐이라네.

⑦ 산위에 내린 빗물이 계곡으로 흘러가듯이,
여기서 우리가 주는 것으로 망자들은
이익을 얻는다네.

⑧ 가득한 강물이 바다로 흘러가듯이, 여기서
우리가 주는 것으로 망자들은 이익을
얻는다네.

⑨ "그는 내게 재산을 주었으며 나를 위해 일을
했네! 그는 나의 친족이고 친구이며
동료였네." 이와 같이 과거에 망자가 했던
일을 회상하며 그들을 위해 공양 올려야
하네.

⑩ 울며 슬퍼하고 비탄에 잠긴다 해도
망자에게는 아무런 도움이 되지 않는다네.

⑪ 그러나 확고하게 수행하는 상가에 공양을
올리면 오랫동안 그들에게 공덕이 되고,
망자들은 즉시 좋은 과보를 받네.

⑫ 이것을 친척들의 의무라고 정의하니 이로
인해 죽은 이는 좋은 과보를 받고 상가는

육신을 지탱하는 힘을 얻으니 그대가 얻는 공덕은 적은 것이 아니라네.

『담장 밖의 경』은 초기불교의 영혼관을 보여주는 경전이다. 망자를 위한 경전염송과 재승공불의 공덕을 설하고 있는 원천경전이라고 할 수 있다. 밀교에 이르면 아귀다라니경이 출현하고 거기에 의거하여 시식행법이 발달하게 된다. 이 경이 설해진 배경은 다음과 같다.

어느 날 마가다의 왕 빔비싸라는 붓다님과 승단에 공양을 올린 후 자신이 지은 공덕을 회상하며 잠이 들었다. 그런데 꿈에 수많은 괴물들이 울부짖거나 공포스런 모습으로 나타나서 괴롭힘을 당하여 잠을 못 이루게 되자 다음날 붓다님께 자신이 꿈에서 본 이야기를 하며 연유를 물었다. 이에 붓다님께서는 그들은 빔비싸라의 과거생의 친족들로서 악업으로 인해 아귀(Peta, 餓鬼)로 태어나 고통을 받고 있는 것이며, 그들이 꿈에 나타나 괴롭힌 것은 빔비싸라가 자신의 이름으로만 공양을 올리고 그 공덕을 아귀들에게 회향을 하지 않았기 때문이라고 말해주었다. 그러므로 붓다님은 빔비싸라에게 죽은 친족들의 이름으로 공양을 올린 후에 그들에게 공양의 공덕을 회향할 것을 권하였으며 이 말씀에 따라 빔비싸라가 그대로 행하자 아귀도에 빠져 있던 존재들이 그 공양의 공덕으로 아귀도에서 벗어나게 되었다.

참선 수행
參禪 修行

좌 선 문 [좌선의]

참선수행에 대해서 원효스님은 『기신론』을 빌어 "주어정처住於靜處 단좌정의端坐正意"라 말씀하시고, 천태 지의 대사는 『천태소지관』「조화 제4」에서 "음식을 조절하고, 수면을 조절하며, 몸을 조절하고, 기식氣息을 정돈하며, 마음을 조절하는 다섯 가지 법"을 설하고 있다. 간단히 요약하면 조용하고 정갈한 장소에서 조신調身하고, 조식調息하며 조심調心하는 것이다.

참선을 하고자 할 때는 한적하고 조용한 곳을 찾아 자세를 바르게 하여 단정하게 앉아 뜻을 바르게 하여야 한다. 장소가 참선을 하는 데 적합한 곳이어야 한다. 주변의 잡음이 차단되는 곳이어야 하며 인공적인 소음이 적은 자연속의 고요하고 깨끗한 장소이면 더욱 좋다고 할 수 있다.

우선 자세는 바르게 앉는 것이다. 결가부좌나 반가부좌를 하고 허리의 척추 뼈를 반듯이 세우고 오른손을 왼발 위에 놓고 왼손 바닥을 오른쪽 손바닥 위에 올려놓으며 양손의 엄지손가락의 끝을 서로 맞대어 받쳐준다. 그리고 몸을 천천히 일으켜 앞으로 펴고, 좌우로 몇 번 흔들어 잘 정돈한 뒤에 몸을 바르게 하여 단정히 앉는다. 허리와 등뼈, 머리와 목의 골절이 서로서로 떠받치어 그 모양이 마치 탑을 세워 놓은 것처럼 반듯하게 한다. 귀와 어깨가 서로 나란히 되도록 하며, 코와 배꼽이 서로 수직이 되게 하고, 혀는 입천장을 가볍게 떠받치게 하며, 위아래의 입술과 이는 서로 맞대어 가볍게 다물도록 한다. 눈은 반쯤 뜨게 하여 졸음에 떨어지지 않게 한다.

둘째는 호흡을 가지런하게 하는 것이다. 몸을 단정히 하여 호흡이 거칠지 않고 부드럽게 하여 자연스럽게 이어져야 한다. 복식(단전)호흡을 통해 호흡이 길어지고 고르게 되도록 하고 수식관을 통해 집중력을 기르게 되면 호흡은 저절로 가지런하게 되어 미세하고 섬세하며 부드러워진다.

셋째는 마음을 바르게 하는 것인데, 계戒를 청정하게 지켜서 마음을 맑게 하고 뜻을 바르게 하는 것이다. 바른 원願을 세우고 삿된 명예나 이익을 쫓는 마음을 떠나야 한다. 고요한 마음이 진여의 이치에 맞아 떨어져서 자신은 물론 남도 제도하는 최고의 도에 이르고자 하는 결심을 바로 세우는 것이다.

위와 같이 정갈하고 조용한 장소에서 몸을 다스리고, 호흡을 가지런하게 하며, 마음을 바르게 하여 참선수행에 돌입하게 된다. 좌선의 시작이다.

삼매: 心一境性*의 設立

불교수행의 목적지는 해탈과 열반입니다. 해탈은 괴로움으로부터의 벗어남이요, 열반은 삼독의 불꽃을 꺼뜨려 행복한 삶을 얻는 것입니다.

괴로움과 삼독(탐진치)의 원인이 내 안에서 일어나는 생각이 원인임을 일단 이해하고 생각이 실체가 없음을 알게 되면 곧 깨달음에 이를 수 있다는 믿음을 가져야 합니다. 생각을 알아채어, 대상경계를 어떻게 조절해보려는 행위를 멈추고 진여본체로 돌이키는 것이 심일경성을 닦는 것입니다.

우리의 마음에서 일어나는 생각은 폭류처럼 거칠고 엄청나고 걷잡을 수 없이 펼쳐집니다. 이 폭류 속에서 우리가 정신을 차리고 자기 자리를 잡아 본래 자기 모습을 보는 것입니다. 이 생각의 폭류를 우선 멈추는 것이 집중입니다. 휘몰아치는 생각의 소용돌이를 한 곳으로 모으고 모아 한 점에 모이게 하고 흐트러짐 없이 유지되게 합니다. 이 집중이 지

---

* 선정을 얻었다고 하는 것은 심일경성(心一境性, ekaggatā)을 확고하게 갖춘 것이다. 심일경성이란 마음이 한 끝에 집중된 것이다. 팔리어 에깍가따(ekaggatā)는 '일경성(一境性), 집중(concentration), 마음의 평온, 명상(contemplation)'이라는 뜻을 가진다. 후대 논서에 따르면 에깍가따는 52가지 마음의 작용(心所, cetasika) 중 하나로 다른 것과 같아지는 심소(心所)다. 그래서 '에깍가따'는 선한마음의 집중일 때와 불선한 마음의 집중일 때가 있는데, 수행에서 에깍가따는 해탈 열반에 도움이 되는 선한 마음의 집중(善心一境性)을 의미한다.

속되면 '텅 비어 모양은 없지만 분명하게 인식되는' 보는 자가 인식이 됩니다. 생각이 생각으로 보이고, 대상경계를 대상으로 온전히 인식하는 인식체가 분명해집니다. 이것이 심일경성의 설립입니다.

심일경성이 설립되면 생각이 침범하지 않은 상태(있는 그대로의 상태)로 현장을 볼 수 있습니다. 내 삶속에서도 내 앞에 펼쳐진 현장을 그대로 드러나게 하는 것입니다. 참선할 때의 분명했던 눈앞의 한 점이 삶속에서는 눈앞의 현장입니다.

우리는 삶속에서 괴롭거나 화가 나서 견디기 어려우면 현장을 벗어나려고 발버둥 칩니다. 현장을 외면하기, 대체하기, 싸우기, 도망가기 등의 기술로 싫어하는 현장을 자기만의 방식으로 대처합니다. 하지만 잠시일 뿐 그 현장은 어느 순간 다시 닥쳐옵니다. 그러니 도망가는 것이 능사가 아닙니다. 이 때 공부가 본격적으로 시작됩니다. 한 점으로 모아 집중했던 수행을 삶의 현장에서 그대로 적용하여 현장을 있는 그대로 비추어냅니다. 순간순간 일어나는 다른 생각에 휘둘리지 않고 생각이 일어나더라도 알아채어 현장에 집중합니다. 이것이 심일경성心一境性을 닦는 것입니다.

한 점에 집중된 마음이 그대로 유지가 되면 마음은 평온해지고 생각은 잦아들고 아는 자[마음]가 명확해집니다. 한 점이 흐트러진다면 그 어떤 훌륭한 생각이나 경계도 소용이 없습니다.

이 상태에서 생각이 치밀어 오르거나 화가 나거나 하면 그대로 드러내고 알아차리면 됩니다. 번뇌와 망상은 실체가 아니기에 그대로 인식만 해도 스스로 사라집니다.

[물론 큰 각오를 해야 합니다. 자기가 지은 업은 자기가 받겠다. 죽음이라고 달게 받겠다고 결심해야 합니다. 참선수행을 하면 지은 업도 사라진다는 망상은 버리고 큰 용맹심을 지녀야 합니다.] 참선 수행은 성실함과 진실함만이 우리를 목적지에 데려다 주게 됩니다.

이렇게 심일경성이 명확히 설립된 상태에서 참선, 염불, 주력, 절 수행을 하게 되면 수행이 더욱 깊어지고 궁극에 도달할 수 있습니다.

다시 설명해본다면 심일경성은 마음을 하나의 경계에 집중하여 흔들림 없이 유지하는 것입니다. 자세히 다시 풀어 설명해봅니다.

마음을 한 곳에 집중해보면,
① 한 점에 모은 집중이 흐트러져도 생각에 휩싸임을 알아 본인이 평소에 얼마나 생각에 많이 빠져있음을 알게 되고
② 집중이 잘 유지되면 언뜻언뜻 생각이 일어남을 자각하여 생각의 모양새가 이렇구나, 하고 알아 생각을 생각으로 알게 되고
③ 집중이 흐트러지면 생각이 침범했음을 알게 되고
④ 생각이 분명히 보인다는 것은, 보는 입장에서 심일경성이 잘 유지되는 것이며
⑤ 심일경성이 명확히 설립되면 생각을 보게 되고, 생각이 힘을 잃고 생각이 점차 소멸하게 되고 생각이 일어나는 횟수도 감소한다.

⑥ 설립된 심일경성을 지속되게 하는 것이 참선이고 명상이며, 심일경성이 지속되면 본성에 점점 가까이 도달하며 부드럽고 유연하며 기쁨에 차고 지혜로우며 장애가 와도 피하지 않고 그대로 받아들여 현명하게 수습해 나간다.
⑦ 심일경성이 설립된다는 것은 집중된 마음이 고요하며 형상이 없고 밝고 분명하며 텅 비어있음을 분명히 인식하는 것이다.
⑧ 확연히 분명해지는 심일경성 하에서 번뇌와 생각은 여실히 드러나 자각되고 자각된 번뇌는 마주하는 진여 앞에서 실체 없이 사라져간다.
⑨ 번뇌와 생각은 괴로움의 뿌리이며 더이상 나를 괴롭히지 못한다. 괴로움이 생겨나는 초기의 생각이 등장하려고 할 때 이미 진여(심일경성)가 설립되어 생각의 줄기가 차단되고 뿌리가 뽑힌다.
⑩ 더 이상의 번뇌가 없는 나는 열반이고 생각의 묶임에서 풀려난 나는 본래 자유로운 해탈이다.
⑪ 참선 수행을 통해 해탈과 열반에 도달할 수 있다
⑫ 심일경성이 설립된 상태에서 참선과 염불, 주력, 절 수행을 하게 되면 심일경성이 더욱 확고해져서 번뇌와 생각의 폭류에서 벗어나 일심에 머물러 생멸의 세계에 의연하게 대처해 나갈 수 있다.
⑬ 심일경성을 이루면 반드시 불법의 궁극에 도달할 수 있다.
⑭ 시작은 오정심관(부정관, 자비관, 인연관, 계분별관, 수

식관)으로 할 수 있다.
⑮ 이보시오! 지금 들리오? 아는 그 마음을 잘 지켜나가는 것이다. 이러쿵 저러쿵에 빠지지 않는 것이다.

심일경성이 명확히 설립되어 수행이 깊어지면 몸과 마음이 부드러워지고 따듯해집니다. 자비의 눈빛과 배려의 손길이 넘실거립니다. 지혜를 겸비하게 되어 작은 일은 작은 대로 큰일은 큰일대로 슬기롭게 해결해 나가게 됩니다.

현장을 떠난 행복은 없습니다. 심일경성이 설립되면 현장, 바로 지금 그 자리에서 행복하게 됩니다. 상락아정의 행복이 갖춰지게 됩니다.

참고자료

거해 편역(1994), 『근본불교 예불문』, 삼영불교출판사.
대한불교조계종 의례위원회 편역(2014), 『한글 천수경』, 조계종출판사.
묘성 법안 편(2004), 『법요집』, 우면산 대성사.
박영만(2018), 「한국수륙의문의 성립 및 변용 연구」, 동방문화대학원대 박사학위논문.
법정 옮김, 『원각경 보안보살장』, 팔달산 보문사.
법회연구원 편(2005), 『부모은중경 외』3판, 정우서적.
법회연구원 편(2005), 『염불왕생문』3판, 정우서적.
이성운(2011), 『천수경, 의궤로 읽다』, 정우서적.
이성운(2014), 『한국불교 의례체계 연구』, 운주사.
이성운(2018), 『불교의례, 그 몸짓의 철학』, 조계종출판사.
이원섭 역(1988), 『법화경』, 삼중당.
일휴·우천(2008), 『역주 치문경훈』, 정우서적.
전제성 역주(2011), 『숫타니파타 개정본』, 한국바알리성전협회.
정우 편(2004), 『지장보살본원경』3판, 정우서적
정우 편(2003), 『팔양경·무상계』초판, 정우서적.
한국테라와다불교(2012), 『테라와다불교의범』, (사)한국테라와다불교.
Chaṭṭha Saṅgāyana Tipitaka 4.0, digital edition.

신행의범 신찬위원회
　위원장 우일 박영만
　위　원 우천 이성운, 우신 정기선, 우선 최건업, 이정오, 박선각
　자　문 우상, 우석, 수완나, 우시, 원묵, 능엄, 우인, 우운
　　　　전우진, 백희명, 엄우비

신찬 신행의범

2020년 5월 29일 초판

편역: 신행의범 신찬위원회

전화: 02/723-1350, 밴드 붓다아카데미

펴낸 곳: 정우북스

펴낸 이: 이미연

서울. 종로구 삼봉로 81. 1231호

신고 1992.5.16. 제1992-000048호

전화 02) 720-5538

15,000원

ISBN 979-11-970044-3-8　93220